前 言
PREFACE

当前，我国提出了"以国内大循环为主体、国内国际双循环相互促进的新发展格局"。国家提出这一发展格局，主要基于以下背景。

一是我国面临的国际环境发生了变化。我国虽然仍处于战略机遇期，但国际环境日趋复杂、新一轮科技与产业革命风起云涌，我国的外部机遇和挑战发生了变化。

二是我国经济的内部格局发生了变化。当前，我国经济从高增长向高质量阶段发展，在全球经济增长减弱的形势下，我国国内市场需求也呈现减弱趋势。

三是以往过度依赖国际市场的外循环经济模式已经不能解决当前和未来中国经济发展的核心问题，必须构建完整的内需体系，创新产业链，优化区域经济布局，深度激发市场活力，走内生驱动式道路。

2022年4月，国家出台的《中共中央 国务院关于加快建设全国统一大市场的意见》为身处"内循环经济为主、外循环经济为辅"经济格局中的企业指明了发展方向和道路。

建立以"内循环经济为主、外循环经济为辅"的经济格局，对我国经济的发展具有深刻意义。

首先，重塑国内市场。一方面，全力扶持中小微企业的生存和发展。主要体现在：帮助中小微企业降低水电气和场租成本；允许中小微企业缓缴住房公积金、减免税费并延期缴纳税款；返还企业社会保险费；为中小微企业提供政策性信贷担保，降低融资成本。另一方面，推动国内消费大循环。既然出口贸易受阻，那就将目光转向国内 14 亿人口的大市场，在内需上下功夫，提振消费，促进生产，发展经济。

其次，改善民生，提高消费能力。为了拉动国内经济的发展，国家出台政策，要提高民众劳动收入份额、投资民生、保障民生，让国民消费有信心、消费有底气，最大限度地释放国民消费潜力。除了注重投资民生、改善民生，国家还不断挖掘新的消费市场，如日用品、旅游文化、数码电子等领域，以此提升民众的生活品质，以民众的美好生活作为推动经济发展的真正内驱力，实现我国经济的可持续发展。

最后，高品质产品激发消费热情。国家还对市场进行监管，强调以质取胜，根除假冒伪劣、以次充好等问题，以确保国内产品和服务的品质，提升民众对国内产品和服务的信心，激发民众的消费热情，最终实现拉动经济增长的目的。

我国将发展双循环经济提升到了国家战略高度。那么，身处其中的企业该如何积极应对双循环经济这一新的发展模式？如何在这个新经济时代实现快速发展？本书内容正是面对这样的问题进行深入探讨，以期为企业寻找破局之道。

希望本书可以为当前处于"以国内大循环为主体、国内国际双循环相互促进的新发展格局"的企业指点迷津，帮助企业找到顺应市场规律的发展方式。

赵宏泽

2022 年 10 月

突围

双循环经济打造经济新格局

赵宏泽◎著

TUWEI

SHUANGXUNHUAN JINGJI
DAZAO JINGJI XINGEJU

中国纺织出版社有限公司

内 容 提 要

当前，全球经济形势仍然复杂严峻，经济的发展充满了不稳定性和不确定性。在这个关键时刻，国家出台了"加快构建以国内大循环为主体、国内国际双循环相互促进的新发展格局"的政策，发展双循环经济被提升到了国家战略高度。那么，身处其中的企业该如何积极应对经济发展的新模式，实现自身的快速发展？而主打外贸生意的外向型企业又该何去何从？企业寻找破局之道迫在眉睫。

图书在版编目（CIP）数据

突围：双循环经济打造经济新格局/赵宏泽著. ——
北京：中国纺织出版社有限公司，2023.1
ISBN 978-7-5229-0032-2

Ⅰ. ①突… Ⅱ. ①赵… Ⅲ. ①中国经济－循环经济－
经济发展－研究 Ⅳ. ①F124.5

中国版本图书馆CIP数据核字（2022）第207092号

策划编辑：曹炳镝 李立静　　责任编辑：史 岩
责任校对：高 涵　　　　　　责任印制：储志伟

中国纺织出版社有限公司出版发行
地址：北京市朝阳区百子湾东里 A407 号楼　邮政编码：100124
销售电话：010—67004422　传真：010—87155801
http://www.c-textilep.com
中国纺织出版社天猫旗舰店
官方微博 http://weibo.com/2119887771
三河市延风印装有限公司印刷　各地新华书店经销
2023 年 1 月第 1 版第 1 次印刷
开本：710×1000　1/16　印张：13
字数：146 千字　定价：58.00 元

凡购本书，如有缺页、倒页、脱页，由本社图书营销中心调换

目录
CONTENTS

第二篇
商机魅力 大变局中寻找新的发展机会

第一篇

研精阐微

深度解读中国经济双循环模式

第一章
远见定乾坤：发展双循环经济乃大势所趋

2020 年，由于新型冠状病毒肺炎疫情（后简称疫情）在全球爆发，整个国际贸易和国际交流都受到了较大的影响。在此影响之下，我国的经济形势也十分严峻。在这个特殊的历史时刻，我国提出了"以国内大循环为主体、国内国际双循环相互促进的新发展格局"。双循环经济这一中国经济发展新模式的构想颇具远见，它以更广的维度打开国内企业所面对的市场，可以有效培养我国参与国际合作和竞争的新优势。所以说，发展双循环经济乃大势所趋。

中国经济发展格局巨变：开启双循环模式

2020年10月，中国共产党第十九届中央委员会第五次全体会议通过了《中共中央关于制定国民经济和社会发展第十四个五年规划和二〇三五年远景目标的建议》，将"加快构建以国内大循环为主体、国内国际双循环相互促进的新发展格局"纳入其中。这意味着，国家要在内循环经济与外循环经济共生的基础上，实行双循环经济模式。

国家提出双循环经济，主要基于以下背景。

1.当前全球经济深陷"长期性停滞"格局

2008年全球金融危机给全球经济带来不可估量的影响，全球经济仍没有彻底从危机之后的余震中整体复苏。经济学家萨默斯将危机爆发导致全球经济增速持续低于危机前，且迟迟不见反弹的情形称为"长期性停滞"。萨默斯认为，要想摆脱这种"长期性停滞"的现状，要么依靠新的一轮技术革命，要么依靠主要国家实施集体性的财政扩张政策。由于短期内技术革命爆发的可能性不大，再加上各个国家在扩张性财政政策方面达成集体行动意识的难度极高。所以，全球经济的"长期性停滞"格局仍会持续。在这种状态下，我国经济增长将面临诸多不确定性和挑战。要想保证经济的良性、快速发展，就不得不在更大的程度上依赖国内和国外需求的增长。

2. 受全球疫情的影响，国际贸易往来受阻

疫情的冲击波及了全球，世界经济因此受到了重大影响，全球产业链、供应链出现松动、分离的情况。在这种情况下，我国必须在满足国内需求的基础上，增加满足国外需求的能力，不断增加自己在全球范围内的经济实力，提高全球经济地位。

3. 经济全球化是不可逆转的大趋势

当前，全球经济的发展使各国处于全球生产网络当中。一个脱离了全球生产网络的国家难以生产出满足本国居民需求的全部产品。因此，中国的发展离不开世界。

我国加入世界贸易组织（WTO）就是一个最好的例子。2001年12月11日，我国正式加入世界贸易组织。而加入世界贸易组织可以使我国更快、更好地融入国际经济社会、维护我国经济利益、推动我国经济体制改革、扩大出口贸易、引进外资。可以说，我国加入世界贸易组织的意义重大。

未来，我国经济要实现高质量发展，就需要在更加开放的条件下进行。这就需要我国在立足国内大循环的同时，实现国内国际双循环的相互促进。

可见，我国实行"以国内大循环为主体、国内国际双循环相促进的新

发展格局"是应对世界变局和当前国内外经济形势变化的正确战略选择。这对于实现我国经济行稳致远和高质量发展具有十分重要的意义。

双循环格局要着眼抓好内循环

面对当前全球经济走低的态势，"以国内大循环为主体、国内国际双循环相互促进的新发展格局"这一经济战略的提出，实际上是以内循环促进双循环的发展，从而达到以中国经济发展推动世界经济复苏的目的。可见，打造双循环经济格局，首先要抓好内循环。

原因主要有以下两点。

1. 重点发展内循环经济具有必然性

改革开放以后，我国经历了 30 多年的以外循环为主的战略。到了 2010 年以后，我国逐渐开始向内循环经济为主的方向转变。

2010 年，我国工业产值位居世界第一，一举登上了"制造业大国"的宝座；2012 年，我国的货物贸易位居世界第二，国内生产总值（GDP）位居世界第二。

然而，在这个阶段，我国的外向型经济在世界经济中受到了三种压力。

第一，2008 年全球金融危机的出现使全球经济进入衰退期，我国的出口也因此碰到了天花板。

第二，自从我国加入WTO之后，我国出口贸易的发展突飞猛进。尤其2006～2015年，我国的出口贸易市场规模越来越大，占据了巨大的国际市场份额，也因此引发了WTO中常规经济秩序里的摩擦。

第三，2012年之后，我国的劳动力市场发生了变化。主要体现在：2012年之后，我国每年退休人员数量达到了1500万，每年新增的劳动力数量约为1200万。这意味着每年失去约200万的劳动力。在这种情况下，我国的劳动力成本会逐年上涨。

面对这些变化，2015年，我国提出了供给侧结构性改革，使过去以出口拉动为主的经济状态，逐渐向供给平衡的状态转变，并且对于多余的供给则以去产能、去库存、去杠杆的重要举措来消解。这一套循环举措的出台实际上已经将中国经济的发展朝着内循环的方向推动。

2020年，我国GDP约为101.5万亿元，进出口总额约为32.2万亿元，即经济外向度❶约为32%，较2006年的经济外向度64%明显下降。这说明，在新常态下，我国的经济走向已经发生了转变，从以外循环为主逐渐向外循环、内循环相结合的双循环经济发展。

2020年，一场突如其来的疫情影响了全球经济的发展。我国也顺理成章地推出了建立"内循环"促进"双循环"的经济新格局。这不仅是这场疫情冲击下进行的经济变革策略，更是中国的强国战略，是提升我国整体经济质量的必然路径。

---

❶ 经济外向度：也称作外贸依存度、外贸依存率、外贸依存系数，是进出口总额占国内生产总值（GDP）的比重。

2. 外向型经济难以把我国推向强国之路

纵观全球，没有哪个国家是依托外向型经济成为强国的，那些真正走上强国之路的国家，都是将内需作为一个重要的引力，吸引世界各国和其发生贸易关系，从而奠定强国基础的。

基于这两点，我国实行双循环格局，要着眼抓好内循环，这是国家经济可持续发展的必然选择。

严峻疫情下的国内经济态势

2020年，一场疫情席卷了全球，并且成急剧恶化态势。这场疫情被联合国秘书长古特雷斯称为"第二次世界大战以来最严重的全球危机"。其中，人的生命危机、公共卫生危机、人类赖以生存的地球生态危机、金融危机、经济危机交织在一起。

这不是一场真枪实弹的战争，但其对全球经济的摧毁力度不亚于一场激烈的战争。特别是土耳其、巴西等国家，作为全球产业链中的重要组成部分或全球能源资源大规模聚集地，在全球疫情的影响下遭受了严重的冲击，使全球经济产业链也因此受到重创。

疫情影响下，股市熔断、油价暴跌、货币贬值、债台高筑，这些问题使全球经济危机聚集的要素越来越多。为了阻止疫情的加重和蔓延，各国采取了航班熔断措施，当输入性疫情确诊人数达到一定数量，就会取消入境航班，切断和疫情严重国家人员的往来。这对于全球人、物、资本的流通形成了阻碍。国家与国家之间的贸易往来也因疫情的影响而受到阻隔。

面对这样的局势，我国采取了相应的应对措施。

1. 防止供应链断裂

目前，我国在全球产业链、供应链、服务链中的地位相当重要。受到疫情的影响，我国在 2020 年年初，制造业生产放缓，这对世界产业链的影响是巨大的。

另外，随着疫情的蔓延，我国对当前疫情国的进口依存度大于出口依存度，海外供应链遇阻与需求回落，反过来影响我国的经济发展。

因此，防止供应链断裂是国家重点关注的一个方面。而形成国内制造业的大循环，则是我国解决全球供应链断裂问题的重要举措。

当前，我国的服装、鞋帽、箱包、玩具等传统制造业依然具有全产业链的优势，只是一小部分产业链受阻，如高端汽车的发动机、半导体行业的高端芯片等。这些方面的产业链受阻抑制了我国制造业转型升级的步伐，但不会影响我国国内市场的内循环和国内市场的供给。因此，我国将工作重心放在以下四个方面。

首先，寻找制造业的发展空间，抓紧时间连接产业链。我国有的产业链在国内就可以找到相匹配的供应商，并且与产业的低端、中端、高端共同形成国内的全产业链。

其次，对于那些在短期内可能会受到全球疫情影响的产业链，重点是要寻求可替代的产业环节，对产业链断裂的地方进行"补链"。

再次，在疫情可控的情况下，与周边国家形成互补、互助关系，进一步对产业链、供应链、服务链进行"扩链"。

最后，还要进一步强化我国已有的产业链，实现可控、可持续，从而达到"强链"的目的。

2.防止经济大幅下降

受到疫情的影响，我国的经济发展也遇到了极大的挑战。为了减少疫情给国家经济带来的影响，我国已经采取了诸多举措，出台了相关政策，包括财政政策、货币政策来帮扶中小企业、扶植困难群体等。近期，国家还提出很多量化政策和措施，其中重点是优化调整区域经济格局，加快我国经济复苏和发展。

当前，我国已经形成了区域经济的总体布局，包括东部、中部、西部、东北部四大板块的布局。在这些布局中，包括"一带一路"倡议、"京津冀协同发展"发展战略，以此从区域经济格局中寻找新动力、新动能、新增长点、新增长极。这些都是立足国内经济的发展，在国内经济上下功夫，从而构建更坚固的区域经济，实现国内市场的大循环。

我国的经济市场是大海，不是小池塘。国内人口规模庞大，形成了巨大的国内市场，这是吸引外商，也是恢复我国经济的巨大潜力和动力。

虽然疫情压抑了消费需求，但也积累了消费需求。随着我国存量需求的加速释放，原来外溢的消费需求逐渐向国内回归。这实际上是一种自然回流。因此，国内市场的壮大还需要内循环经济的快速发展。

在全球疫情态势严峻的情况下，我国防止供应链断裂、防止经济大幅下跌，都需要依靠内循环经济的发展，在当前经济发展态势下，这是一种必然选择。

内循环经济为中国经济改革带来希望

近年来，很多中国人都会遇到这样的经历：通过海外代购、出国购物买回来的产品，后来却发现很多都印有"Made in China"字样。这样的经历让人哭笑不得。这种现象，充分体现出国内需求与国内制造业产能之间相脱节的问题。国内本身有产能、有市场，却通过外部循环"出口转内销"。这种循环其实是不正常的。这显然是国内产能与国内需求不匹配的结果。要想改变现状，对我国经济进行改革，发展内循环经济是一条重要的出路。因为，从各国发展的经验来看，依赖出口拉动经济，只能为一个国家的经济发展的前半程保驾护航，发展到一定程度后，必定会出现瓶颈。我国要想改变经济发展现状，使国内市场良好发育、有效挖掘内需潜力，毋庸置疑，发展内循环经济是最有效、最正确的战略选择。具体体现在以下四个方面。

1. 内循环经济有效提高经济效益

根据实际经济效益来看，如果一个国家有1000亿的产值出口，产生的GDP大约只有12%，因为80%的零部件从国外买入，这个国家所赚取的就是零部件买入以后的组装费、劳务费，只占1000亿产值的10%。

1000 亿的产值带动的是国外 80% 的产值，即国外零部件企业赚取了 800 亿产值，带动了国外就业和国外的利润税收。但这个国家自己的收益质量并不高。

内循环经济使原来"两头在外（进口元部件、出口本土产品）"的市场运行模式转变为一头在内、一头在外的模式，零部件和原材料在本地制造的同时，还将全世界能制造零部件的最优秀企业和技术引过来，那么整个国内市场将得到蓬勃发展，同时在国外的市场地位也将逐渐稳固。

2. 内循环经济有利于国民经济安全的提升

如果一个国家将发展经济的重心放在国外，那么一旦有经济危机、地质灾害或社会灾难发生，这个国家将难以在全球经济低迷、经济秩序混乱的情况下脱身，同样会遇到各种经济风险。而发展内循环经济，则能使国家在世界经济动荡中快速抽身，并有效保证国民经济的安全。

纵观国际市场，2020 年，全球疫情大流行，全球经济持续低迷。

国际货币基金组织 2022 年 7 月发布的《世界经济展望报告》预测：2022 年全球经济增速为 3.2%，其中发达经济体增速为 2.5%，新兴市场和发展中经济体增速为 3.6%。

我国经济在国际上的发展也因此充满了诸多不确定性。这就需要我们把目光转向国内，挖掘国内巨大的需求潜力，以发展我国的内循环经济来引领国际循环，实现我国经济的可持续发展。

再看国内市场，我国当前正处于全面有序复工复产阶段，同时在生产、分配、交换、消费等各个环节强化"六稳"（稳就业、稳金融、稳外贸、稳外资、稳投资、稳预期）"六保"（保居民就业、保基本民生、保市场主体、保粮食能源安全、保产业链供应链稳定、保基层运转）措施，我国经济呈现"V"字形恢复态势，这为我国实现内循环经济奠定了良好的基础。从长期来看，我国当前的经济发展正处于转型升级的"阵痛期"。实现内循环经济可以营造一个相对稳定的、可控的环境，这可以很好地缓解我国面临的经济风险。

3. 内循环经济有效加强技术进步

外循环经济下，可以认为世界各国的一切都可以拿来交换。在这种情况下，东西都是通过卖出、买进实现的，资源优化配置没有任何干扰。这样去想的话，造船不如买船，买船不如租船。因为这样对于一个国家来讲，能有效节约时间和资金成本。但如果国外经济出现动荡，这种依靠外循环经济发展的国家必然会受到牵连，甚至整个国家的经济也会因此而停滞和瘫痪。

如果这个国家能换一个战略，整体上以内循环为主，实现自主开发，加强技术研发的核心根基，那么这个国家在面临世界经济动荡的时候，虽然难以全身而退，但也可以减少经济动荡带来的冲击和损失。

4. 内循环经济支撑生产要素市场的充分发育

生产要素市场主要包括金融市场（资金市场）、劳动力市场、房地产市场、技术市场、信息市场、土地市场等。这些市场对于一个国家的经济发展来讲十分重要。因为这些要素是支撑一个企业持续发展、一切商品流转的基础。这样的市场如果充分发育，对整个国家的商品市场发育会起到强有力的推动作用。

我国以内循环经济为主，这些生产要素市场就能够得到充分发育。这将进一步把我国整个国内经济的发展推上一个新高度。

从"三驾马车"预见中国经济的未来

所谓"三驾马车"，原本是指三匹马拉一辆车。在我国古代，"三驾马车"并不是说三匹马拉的车，而是三匹马一组一辕，分前、中、后三组拉动马车前行。如今，"三驾马车"被赋予了更多的引申义。在经济学上，"三驾马车"被应用在经济增长、经济发展方面。

经济增长是一个国家在一定时期内产品和服务增加的量。在经济学上，用来衡量经济增长的指标是 GDP。

自改革开放以来，我国一直坚持以"三驾马车"拉动经济的增长。这"三驾马车"，分别是投资、消费、出口。

1. 投资

投资，指政府、企业或个人为了在未来可预见的时期内获得收益或资金增值，在一定时期内向一定领域投放足够数额的资金或实物的货币等价物的经济行为。

对国家而言，"三驾马车"中的投资是指政府作为投资主体的投资，主要用于教育、科技、国防、卫生等事业的支出，是辅助性的扩大内需的途径。

投资是社会总需求的重要组成部分。投资的变化会直接影响国家需求的总量和结构。通过增加投资，可以有效增加社会供给，扩大社会生产能力。

针对"六稳"之一的"稳投资"，相关部门不断采取措施，拉动国内投资市场。

以我国基础建设方面的投资为例。我国在基础建设方面的投资一直保持一定速度的增长，因此，我国的基础建设取得了长足的发展。从我国基建领域、通信领域、新能源领域等的投资举措来看，我国的投资正在向着高科技、高质量发展。这对于发展我国国内经济来讲，可谓是一项稳中向好的举措。

2. 消费

消费，指国内的消费需求，即本国居民的消费需求。消费是国家总需求的重要组成部分，也是拉动经济发展的主要动力。居民的消费水平直接影响国家的经济发展。

我国当前虽然在中高端汽车市场、房地产市场、高端消费和奢侈品消费市场的消费接近饱和，但是只要居民的改善型消费依旧存在，那么这些市场还有很大的前景。改善型消费是推动我国消费质量继续向前、拉动我国内需的重要力量。

3. 出口

出口，指的是外部需求，即用本国企业的产品打入国际市场，参与国际竞争，以此扩大自己的产品销路。出口，即满足外需市场的产品需求。但内需可以为外需提供重要的支撑和动力。反过来，外需对内需也有巨大的拉动力。

近几年，我国综合国力的提升带动了我国出口竞争力的提升。

我国改革开放以后，外贸依存度一直呈现不断增长的态势。2000 年，我国的外贸依存度将近 40%；2003 年，这一数值超过了 50%；2005 年，这一数值突破了 60%。此后，一直以 60% 以上的依存度持续保持，直到 2008 年，这一数值发生了巨大的变化，降低了 5 个百分点，约为 56.4%。此后，这一数值总体呈下降趋势。2020 年，我国的外贸依存度仅为 31.7%。这意味着我国已经逐渐从出口导向型经济转变为内需拉动型经济。

显然，即使没有疫情的冲击，没有国际环境的变化，我国也正走在以国内大循环为主体、国内国际双循环相互促进的路上。

一言之，从我国"三驾马车"的角度来看，我国发展内循环经济，其实是一种必然。我国要重点发展内循环经济，抓好稳中向好的重要窗口期，才能促进我国国民经济行稳致远。

第二章
揭开面纱：全面认识双循环之下的内循环经济

　　当前，受到世界经济大环境的影响，我国将内循环经济这一概念提升到国家战略高度。"以国内大循环为主体、国内国际双循环相互促进"成为当前全新的经济发展格局。那么内循环经济究竟是什么？能为国家经济的发展带来什么好处……揭开双循环之下内循环经济的面纱，一切答案都会显现出来。

什么是双循环经济

一个国家，其经济的发展主要依赖于两个循环：一是以国内市场为主的内循环，二是以国际市场为主的外循环。内循环经济和外循环经济共同构成双循环经济。

为什么要进行经济循环呢？在《跳着踢踏舞去上班》这本书中，巴菲特给出了一个非常有趣的案例。这个案例或许能更好地解释经济循环对财富积累的重要性。

有两个小岛，分别为勤俭岛、浪费岛。这两个小岛彼此相邻，面积相同，并且都与世隔绝。在两个小岛上，土地是唯一的固定资产。小岛上的居民只需要食物，也只能生产食物。每个居民每天只工作8小时就能实现自给自足。不同的是，勤俭岛的居民比较认真、努力。他们发现，如果自己每天工作16个小时，其中8小时的产出可以满足每天的生活所需，剩下的8小时产出的粮食就可以用来出口，卖给浪费岛。浪费岛的居民对此也十分开心，因为这意味着从此以后，他们不用那么辛苦地工作，也可以满足自己的生活需求。为了便于两个小岛之间的贸易往来，浪费岛的居民需要向勤俭岛支付债券，这个债券是按照浪费岛的岛币发行的。

刚开始的时候，两个小岛之间的贸易往来十分顺畅，双方各取所需。但是随着时间的积累，勤俭岛的居民通过努力工作，再加上出口，积累了大量的浪费岛债券。每年还可以收取浪费岛的利息。浪费岛居民的情况和之前还是一样。但勤俭岛的居民开始有不安全感了。对面的小岛上居民那么懒，他们给勤俭岛的债券就像给勤俭岛打的白条一样，这对于勤俭岛来讲没有任何好处和利益。于是，勤俭岛的居民开始改变策略，他们不再像以前一样只持有浪费岛的债券，而是只拿着一部分债券，另一部分出售给浪费岛的居民，换取现金之后，再用现金购买浪费岛最值钱的资产——土地。最终，勤俭岛的居民通过自己的努力和智慧完全拥有了浪费岛的土地。浪费岛的居民为此付出了惨重的代价，他们已经没有什么资产可以用来做交易了。他们住的房子也都是从勤俭岛居民那里租来的。为了偿还之前的债券利息和住房租金，他们不得不加班加点工作。即便如此，他们也难以支付越来越高的债券利息和租金。最后，浪费岛的居民只能一直为勤俭岛的居民打工。

这个故事虽然听起来很简单，却非常生动地描述了现代社会中，国与国之间的经济循环和财富积累的变化。中国就好比是勤俭岛，在早期的时候，国内的经济不太发达。但由于加入 WTO，再加上居民吃苦、努力，为勤俭岛获得了巨大的好处和财富。在全球贸易当中，中国不仅积累了债券，还买入了很多全球最优质的资产，这就是经济外循环。与故事不同的是，现实中的浪费岛不会轻易让自己的优质资产持续流失。所以也会反过来对勤俭岛施加压力。勤俭岛一方面继续经济外循环，积累全球的优质资产，另一方面扩大自己岛内的需求，生产出来的商品自己消化一部分。这就是经济的内、外双循环。

那么究竟什么是双循环经济呢？双循环经济指的是一种主体是国内大循环、目标为相互促进的国内国际双循环的经济发展格局。

目前，了解了基于内循环和外循环的双循环经济内涵之后，还需要明确以下三点，才能更加透彻地认识双循环。

1. 实现双循环，是内循环与外循环相互促进的结果

（1）借助外循环促进内循环

在当前经济发展的大背景下，我国应当充分利用好国内、国际两个市场、两种资源。2021年，我国有14亿人口，人均GDP超过8万元，是全世界规模最大的中等收入群体。

据国家统计局发布的数据显示：从1978年到2019年，我国居民人均消费支出从151元增长到21559元，增长超过了140倍；1978年全国消费品零售总额为1558.6亿元，2019年全国消费品零售总额为408017.2亿元，增长超过了260倍。

面对如此巨大的市场规模，发展内循环经济需要吸收更大规模、更加多样化、更高质量的国外产品满足国内需求。我国要借助国际循环的优势，对工业原材料、耐用消费品等传统进口需求量较大的商品进一步扩大需求规模。在我国经济提效增速的基础上，全方位、多层次满足国内市场的需求。

目前，我国在能源、汽车等领域的发展还需要引进国际竞争与合作，

才能不断提升内循环经济的活力，从而构建一个良好的营商环境，高效实现国家产业发展和产业结构的优化与升级。

（2）通过内循环加速外循环

我国是世界上最大的制造业国家，共拥有 41 个工业大类，207 个工业中类，666 个工业小类，是世界上唯一一个拥有全部工业门类的国家。在国家提出的新经济发展格局下，我国需要将自身的市场规模和生产体系优势转化为参与国际合作和竞争的新优势，打通国内市场和国际市场。对于我国的新兴产业，应当充分发挥"后发先至"优势，开拓国际市场。

我国内循环经济发展的过程中，5G、"北斗"系统、高铁、工程设备等高技术、高质量产品在世界经济发展中颇具优势，可以将这些优势用于出口，开拓国外新市场。

借助我国经济发展的优势，发展高水平开放型经济，对于促进国内外市场规则的对接和供应链生态的相互融合具有至关重要的作用。此外，还可以以中国市场的发展为基础，带动世界经济的复苏，达到拉动国际经济大循环的目的。

2. 双循环是从商品、服务到技术的供给侧结构性改革

国家强调将内循环作为发展双循环经济的主体，就意味着供给体系要对国内需求具有适配性。2020 年一场疫情的爆发，使全球产业链、供应链遭遇瓶颈，外需与内需相比，相对疲软。在这个关键时刻，我国发挥超大规模的市场优势、充分挖掘内需潜力刻不容缓。更重要的是，扩大内需的

同时，还要注重满足市场个性化、多元化的需求，把内需强大的消费能力转化为生产和创新能力，进一步推动商业模式和技术应用的创新，实现内外循环的互联互通。

3. 双循环不是简单的内外问题

双循环的关键不是内外问题，而是循环问题，是要继续推动一切生产要素更加自由、公平的流动，从而提高整个经济的效益，激发全社会的创新精神。与其说双循环是对外部压力的一种回应，不如说是中国经济的一次重大超越。循环意味着流动，即内部流动、外部流动、内外之间的流动。

双循环经济，是以内循环支撑外循环，以外循环带动内循环的经济发展格局。我国推行的双循环经济可以加速提升我国国力在国际市场上的地位。

什么是内循环经济

内循环这三个字最近反复被提起。要想认识和理解内循环经济，必须从了解经济循环开始。

经济循环就是指生产—流通—消费—生产的过程。简单来讲，就是企业生产出来的商品通过一些渠道销售出去，被消费者购买并使用，生产者因为有人购买了产品，所以能够收回成本和赚取利润，而消费者对商品有复购需求，就可以驱动生产端继续生产商品，从而形成了经济循环。

经济循环是推动一个国家经济可持续发展的动力。一旦一个国家的经济无法进行循环，就会停滞，甚至衰退，严重的情况下还会使一个国家出现经济大萧条的情况。

经济内循环和外循环的"内""外"是相对于国家来说的。经济外循环就是经济活动中与其他国家进行往来。一方面，我国购买国外的商品或将本国商品卖到国外；另一方面，国外资金的融入与国内资金的融出，这两方面就构成了经济外循环。

经济内循环，是与经济外循环相对应的一种模式。其实，"内循环"的含义并不难理解。通俗来讲，就是指将国内生产的东西面向国内消费者进行销售，在国内实现生产—流通—消费—生产的循环。产品从生产到销售到消费，整个流程都在国内完成。这就是内循环经济。

内循环经济，核心在于内部的循环，即在国内实现从生产、交易、分配到消费的周而复始的良性运动。内循环经济，并不是经济在单纯意义上的周而复始，而是一种规模不断扩大、质量不断提升的螺旋式增长。借助内循环经济，可以使我国社会不断进步，结构、效益同步提升。

1. 内循环经济提出的背景

当前，我国在受到疫情的影响，以及身处全球经济低迷的大环境下，为了保持国家经济的稳定增长，为了更好地释放消费潜力，将国内需求作为经济增长点，提出了要注重内循环经济发展的策略。

内循环经济是我国经济发展的必然选择。自改革开放以来，我国一直都坚持消费、投资、出口"三驾马车"拉动经济的发展。但如今，国际市场风云变幻，出口形势出现了新情况。此时，扩大内需，走经济内循环之路，是稳定我国经济发展的根本。

2. 对内循环经济的正确、深入解读

（1）内循环经济并不意味着"闭关锁国"

很多人对国家高层提出的炙手可热的"以国内大循环为主体、国内国际双循环相促进的新发展格局"进行了各种各样的解读，当然也存在很多误读。最大的误读就是：在当前全球化逆转的情况下，中国构建以"国内大循环为主"的新发展格局，意味着要回到过去那种"闭关锁国"的状态。

其实，这一认识存在很大的误区。我国实行"国内大循环为主体"的双循环经济模式，并不是封闭的国内循环，而是开放的国内国际双循环经济。我国在世界经济中的地位将持续上升，与世界经济的联系会更加紧密，为其他国家提供的市场机会将更加广阔，成为吸引国际商品和要素资源的巨大"引力场"。

（2）内循环经济推动我国经济持续发展

我国是世界上第一大制造国家，也是世界上第二大消费市场。借助这个庞大的内需市场和消费升级的趋势，将以往出口过剩产能的经济模式，转为内销模式，可以顺势逐步降低"两头在外"的加工贸易比重。

如果外部需求不振，外向型企业订单必然会大幅下降，此时通过激活内需市场，可以实现对部分产能的承接。一方面可以降低对出口、就业等领域的冲击；另一方面可以拉动国内消费升级，做大做优消费市场。这样，产品在国内自产自销，可以实现经济的持续发展。

（3）内循环经济快速提升我国经济实力

我国的消费市场是世界上最为重要的消费市场之一。中国在汽车、手机等多个领域的消费在世界上都是处于第一的位置。每卖出的三辆汽车中就有一辆是中国消费者购买的。这意味着，在未来将会有更多的国家希望能够进入中国市场，这本身就有助于提升我国经济的增长速度。

如今，我国发展内循环经济，可以推动我国范围内优势互补的区域形成既定的经济格局，即形成一个内部分工和专业化的雁行模式。所谓雁行模式，即对全球经济或者贸易圈经济来讲，各个发展阶段的经济体可以形成产业链上的分工，并能按梯队形式逐步升级。这样，有效推动各城市群不同的市场定位和生产分工，以各城市群向三四线城市辐射的形式，形成一个统一的内部大市场。因此，内循环经济对于加速我国经济实力的提升具有很好的推动作用。

在当前全球经济发展的大环境下，我国推行以内循环为主体、国内国际双循环相互促进的新政策，是以理性、开放的态度来调整我国经济发展的方向。在方方面面的配合下，相信我国经济能更加稳健地发展。

内循环经济的特征

内循环经济概括起来，就八个字：自产自销、自给自足。以前我国是出口导向型经济，大量产品出口到全球以赚取外汇。如今，我国的产品主要靠"自己人"来消费。

具体如何来理解内循环经济"自产自销、自给自足"的特征呢？

1. 国产替代

外循环到内循环的核心逻辑为国产替代。所谓国产替代，就是指用国内企业生产的产品代替国外企业生产的具有一定科技含量的产品。国产替代实际上是一种防守策略。以前，是人有我无，我们要通过进口来弥补这个短板。这需要经历一个过程，短期内可能达到的效果并没有那么好。

所以，从长远的角度考虑，要想弥补这个短板，最好的方法就是"我有人优"。别的产品虽然会更好一些，但我可以用自己的产品代替别人的产品。这样，我国可以用国内企业生产的产品替代进口产品，实现自给自足。

首先，我们回顾一下 2010～2020 年，我国十一年的货物进出口相关数据，如表 2-1 所示。

表2-1　2010～2020年，我国十一年的货物进出口相关数据

年份	进出口总额（亿元）	出口总额（亿元）	进口总额（亿元）	进出口差额（亿元）
2010	201722.3	107022.8	94699.5	12323.3
2011	236402.0	123240.6	113161.4	10079.2
2012	244160.2	129359.3	114801.0	14558.3
2013	258168.9	137131.4	121037.5	16094.0
2014	264241.8	143883.8	120358.0	23525.7
2015	245502.9	141166.8	104336.1	36830.7
2016	243386.5	138419.3	104967.2	33452.1

续表

年份	进出口总额 （亿元）	出口总额 （亿元）	进口总额 （亿元）	进出口差额 （亿元）
2017	278099.2	153309.4	124789.8	28519.6
2018	305008.1	164127.8	140880.3	23247.5
2019	315627.3	172373.6	143253.7	29119.9
2020	322215.2	179278.8	142936.4	36342.4

数据来源：中国统计年鉴 2021 年

从上表 2-1 可知，2010 ～ 2020 年，我国进出口总额、出口总额与进口总额整体上处于上升趋势。

然而，在 2020 年这样的特殊经济背景下，如果大量从国外进口商品或原材料，而商品又无法出口国外，势必会引发我国巨大的贸易赤字，不利于我国经济的发展。为了减少贸易失衡的可能性，就需要尽可能采取国产替代进口的方式。因此，这种自给自足的方式是我国发展内循环经济的一个显著特点。

2. 提升居民购买力

发展经济内循环是需要更大的消费市场做支撑的。要想实现经济内循环，需要将我国生产的更多商品卖给国内消费者。这就需要有很强的购买力支撑，否则就会出现产能过剩的情况。为了防止产能过剩，为了提升国内居民的购买力，就需要采取有力的政策、措施，改变当下的营销模式，这些是我国实现经济内循环的关键。

3. 优化产业结构

既然要实现经济内循环，那么我们必须加大国内市场的开发。我国部分主要的出口企业，都需要将出口模式转向内销模式。部分企业的产品在国内的供应量就会明显加大。此时更要合理规划，优化产业结构，要根据市场需求合理生产、合理布局，避免出口转内销后出现恶性竞争，反而把原来主打国内市场的企业搞垮。

内循环经济的本质

对于内循环经济的提出，有的人认为，这是我国对当前经济形势的重新定位，确定未来中国经济以内循环为主体的发展战略，是中国经济发展模式的重大变化。也有人认为，内循环经济强调自力更生、经济自主，可能会让中国经济回到计划经济时代，走上"闭关锁国"的道路。对于我国发展内循环经济，不同的人有不同的看法。但仅从现象来观察和分析，就想判断出事物发展的本质，是非常不切实际的。把握内循环经济的本质，同样不可以只从表象做判断，而是要进行深入剖析，才能看到其本质所在。

从我国当前经济发展的现状、国情等方面来分析，内循环经济的主要目的包含以下两点。

1. 强化经济、补短板

判断一个国家经济发展的状况，不是看人均收入，而是看其经济结构。我国当前经济社会发展存在的短板，主要有以下四方面。

（1）生产要素粗放

我国土地、淡水、矿产资源，生态环境的承载能力越来越弱，部分地区已经难以支持经济发展的正常运转。我国产业结构中，钢铁、电力、化工等产业每增加一单位的 GDP，其废水排放量比主要发达国家高 4 倍左右；每增加一单位的工业产值，其产生的固体废弃物比主要发达国家高 10倍左右。

（2）劳动力、资金配置不均衡

近年来，由于我国农村劳动力向城市快速转移，再加上低技能劳动者无法及时接受新技能培训，所以我国劳动力难以符合产业变革的新要求，劳动力市场的流动性放缓。另外，我国的金融资源配置也存在不均衡现象，更多的资金配置给了大型企业，中小型、民营企业则长期存在金融支持不足的情况。

（3）科技进步有待提高

科技进步，是一个国家经济发展的基础和前提。我国当前在科技创新方面还缺乏完善的科技创新机制，还有很大的创新空间需要挖掘，有很多创新活力需要充分释放。

（4）产业结构有待调整

我国多数产业集中度偏低，有很多小企业零散地分散在各个地方。这样容易出现恶性竞争，不利于发挥规模经济和良性竞争的作用。另外，条块分割、地区封锁是导致我国产业难以集中的重要原因。

基于这些方面，我国急需在生产环节补短板，建立稳定的供应链与竞争力。一方面，要巩固中国在传统领域的供应链优势；另一方面，要在可控领域发力，提升我国的生产效率。

当前，国际经济发展形势十分严峻，我国要想在这个关键时刻增强抵御外部不确定性所带来的风险的能力，发展内循环经济是最好的选择。内循环经济主要弥补经济短板，强化我国经济体系的一体化建设，特别在高科技环节上，可以加强自主研发和创新能力。

2. 扩大内需、再生产

我国当前经济发展所处的现状是：

一方面，2020年，一场世纪性疫情在全球爆发及蔓延，为了防止疫情进一步扩散，全球多数国家采取了封城锁国的政策。国与国之间、城市与城市之间的部分商业活动停了下来。在这种情况下，国家居民消费萎缩，商品供应链断裂，这一切导致整个国家的经济陷入前所未有的困境当中。可谓疫情当前，百业艰难。

以我国颇具代表性的商业市场——浙江义乌小商品国际商城为例。浙江义乌小商品国际商城创建于1982年，商位7万多个，从业人员达到21万多人，经营16个大类、4202个种类，是国际性小商品流通、信息、展示中心。这里被联合国、世界银行与摩根士丹利等权威机构称为"全球最大的小商品批发市场"。浙江义乌小商品国际商城作为我国极具代表性的地区性大规模专业批发市场，是推动区域经济、拉动对外贸易的重要力量。同时其在吸纳就业，促进社会劳动生产率提高方面也起到了不可替代的带动作用。然而，2020年，由于疫情的影响，我国经济受冲击比较明显，这里商户的生意至少下降了一半，有的甚至下降了7成。

据 2020 年上半年相关经济数据显示：我国供给端好于需求端，消费更加趋于理性和有度，扩内需无疑需要更加有力的举措。

另一方面，我国当前拥有 14 亿人口，这使我国具有得天独厚的国内市场规模，与其他国家相比，我国发展内循环经济具有绝对优势。如何让这种绝对优势，转化为有利于我国经济增长的动力，成为我国发展内循环经济的关键。

从这两方面，我们不难看出，我国当前急需扩大内需，利用人口基数优势，培育广阔的内需市场，引导外部优质消费回流，另外还需提升消费品质，引导国内新兴消费。同时，内需的提升可以进一步提升我国的再生产能力，这也是提升我国国际市场竞争力的一个重要方面。

看懂了我国发展内循环经济的目的，也就能明白我国发展内循环经济的本质。而我国发展内循环经济的本质就是以国内超大市场规模优势为核心，全面调整现有的经济发展战略，使我国经济基础更加扎实，实现从外向型为主导经济向以内需为主导经济的转变，从而更好地适应瞬息万变的国际经济形势。

内循环经济对民众的影响

新的时代背景下，经济内循环越来越受到重视。这三个字看似很陌生，但与每个人息息相关。这样的转变对我国广大民众来讲，会有什么样的影响呢？

1. 住房层面

民众在消费方面，对住房的投资往往占去了广大民众开销中的大头。前几年掀起了一股"炒房热"，在大众眼中，如果房价持续看涨，则买房具有很高的升值空间。在这种思想的误导下，民众对房地产趋之若鹜。作为普通人，为了存钱买房，其他一切消费能省则省；对于富人而言，尽可能多买入几套房，才是正确的投资方式。在这种背景下，民众绝大部分资金都流向了房地产行业，留给其他行业的"余粮"则少之又少。

根据国际清算银行公布的数据显示：从 2008 年开始到 2019 年，中国居民杠杆率从 17.9% 上涨到 55.6%，其中个人住房贷款占住户部门贷款总额的 50% 以上。这就意味着，居民每月的收入，可能有 30% 用来做月供，而大多数家庭则拿出 50% 以上的收入去还房贷。如果再减去一定的储蓄，则用于消费的资金屈指可数。由此可见，能够真正实现流动的资金少之又少。这种在房价压力下的消费市场无法支撑起经济"内循环"的发展。

所以，房地产限制了民众在其他领域的消费，成为我国实施内循环经济的最大阻碍。"房住不炒"是化解这一阻碍的必然结果，成为"内循环"遏制房价、拉动民众在其他领域消费的重要国策。

据相关数据显示：2020 年上半年，楼市调控 304 次，而 2019 年这个数据仅为 252 次，同比增长了 20.6%。这次楼市调控，调控的方向已经从以前的"全方位调控"转变为"精准打击""对症下药"，而且调控强度和范围也是空前的。回顾 2020 年整个 7 月份，基本上都是对典型城市的楼市进行调控。其中包括房价一直处于领跑地位、炒房客心中素有"炒房天堂"之称的深圳；半个月内进行两次调控的东莞……

不可否认，国家大力提倡发展内循环经济，房价调控是必不可少的。民众买房是可以的，但通过"炒房"发家致富的念头，自此不必再有。

2. 消费层面

内循环经济对我国民众消费层面的影响主要包括以下两个方面。

（1）买得起出口转内销的商品

我国生产的产品大量出口国外，一方面，使国内商品物价上涨；另一方面，经常出现国内居民海外高价购买的产品均由中国制造的情况。如果实现经济内循环，国内的商品可以自产自销，那么商品的价格自然可以保持稳定，普通百姓也可以买得起一些出口转内销的优质商品。

（2）消费降级转回升

2020 年，一场疫情使民众消费降级，尤其是服务业的相关行业，情况更为凸显。

如餐饮业，原本朋友、亲戚、同事之间聚会能够增加彼此之间的亲密关系。但由于疫情的影响，大家为了保持一定的社交距离，使聚会、聚餐大幅缩水，民众去餐馆就餐消费的频次大幅减少。

国家为了推行内循环经济，为了拉动我国居民的消费水平，必然会像当时 2008 年金融危机爆发之后推出家电下乡、以旧换新补贴、汽车下乡等政策一样，采取相应的政策和措施，提高居民的消费潜力。这种良好的政策环境有助于民众增加消费，成为推动我国经济增长的新力量。

3. 就业层面

经济内循环的发展，可以使出口的商品有所减少，此时大量商品出口会转为内销。但我国的国内消化能力还是比较有限的，会使部分外贸企业会面临倒闭的危险，进而就会影响到一部分普通百姓的就业问题。但是，国家鼓励大众创业，再加上我国电商、短视频与直播卖货等行业的蓬勃发展，使我国在实现经济内循环后，一部分行业会有所衰退，另一部分行业会逐渐兴起。这些都是大势所趋。

推动内循环经济实现的四大力量

目前，全球经济陷入困局，我国审时度势做出了启动国内经济消费内循环的战略决策。这个决策是我国在全球经济变局中高歌向前的一条正确道路。

然而，启动内循环经济是需要一定的力量来推动的。这就好比一辆汽车，其需要靠燃油燃烧后的高压强转换成动能才能发动，在这个动能的推动下才能向前行驶。推动内循环经济实现的四大力量如下。

1. 政府和市场双轮驱动力

在国内推行内循环经济，势必会使国内的企业之间形成异常残酷的竞争，胜出的企业和企业家往往是那些具备非常优秀的生产组织能力的。但那些生产组织能力欠佳的企业，该如何生存，这是很多中小型企业所共同面临的困难。

问题当前，我国政府和市场早已躬身入局。

在政府方面，我国浙江、江苏、福建、广东、山东等沿海省份的地方政府已经开始着手帮助出口企业开拓国内市场。部分地方政府还扮演了渠道商的角色，试图建立起销售平台，以解决当地支柱企业的市场开拓问题。比较典型的是福建省莆田市。为了解决当地鞋履制造业对外需依赖过高、产业链利润偏低、品牌创新不足等问题，政府专门牵头成立了为当地企业服务的供应链平台和技术研究平台。

在市场方面，有的机构专门致力于让中国消费者认识那些为国际品牌进行加工的中国企业，帮助消费者省去购买同一商品时附加的高额品牌溢价。还有一些互联网平台企业，则直接将地方政府和企业联合起来，充分发挥自身平台优势，帮助企业开拓国内市场，让企业更好、更快、更直接地与国内消费者连接在一起，了解他们的需求，让这些企业为国内的消费者生产他们真正需要的产品。

在打通内循环经济的大方向上，离不开政府和市场力量的推动。政府的政策加上市场的策略，可谓珠联璧合，为内循环经济的快速启动提供了双轮驱动力。

2.智能物质生产力

从量化的角度来看，我国已经是全球制造业大国，但大多制造业企业的产业链处于低端状态，我国急需大力促进产业链向高端升级。智能工厂、无人化生产等智能生产力，是解决生产力短缺和低下的工具，也是促进我国制造业产业链向高端升级的一个重要方向。

用智能生产力替代人力劳动，这是社会进步和文明的必然趋势，同时也是提升经济效益的有效武器。

3.人力资源生产力

智能物质生产力解决的是物质基础生产的问题。人力资源生产力解决的是人力资源向科研创造领域的转化问题。

有了大量科研人员，才会有科技、教育、文化、精神产品的创造与创新，才会有各项技术开发，才会实现智能管理、智能生产、智能销售、智能维护等无人化生产。

4.科技创新力

创新的本质就是通过创造新供给来催生新需求。当资本、资源、人力资本都开始向新供给集中时，新的需求就会产生，此时老产业的生存空间也会受到一定的挤压，产能过剩才会逐渐消除，从而使整个经济恢复平衡状态。这正是我国发展内循环经济的意义所在。

科技创新催生新需求。要想快速实现我国经济内循环，就需要牢牢抓住科技创新这个不竭动力，打通支撑科技强国的全流程创新链条。

发展内循环经济，以上四种力量不可或缺。

第三章
洞幽察微：全面认识双循环之下的外循环经济

　　当前，大国之间的博弈日趋激烈，外部环境的变化在一定程度上进一步加快了我国构建双循环经济发展新格局的脚步。发展双循环经济意味着我国在发展内循环经济的同时，也不能放弃外循环经济。即在抓内循环经济的同时，还需要用一种开放的心态去发展好外循环经济。这样才能形成可持续的双循环相互促进的发展格局。

什么是外循环经济

外循环经济是相对于内循环经济而言的，与内循环经济共同构成双循环经济。

外循环经济就是指参与国际产业链的供给和需求而形成的经济循环模式。

从当前我国身处的外部环境来看，当今世界正经历着百年未有的大变局。国际环境复杂，不稳定性、不确定性增加，再加上疫情的影响，全球经济正遭遇一场前所未有的冲击。

这对于我国来说既是挑战也是机遇。我国在加速发展内循环经济的同时，还需要注重外循环经济的发展。

我国当前的外循环经济现状如下。

1. 对外贸易实现量与质的提升

在国家加快建设国内国际双循环相互促进的新发展格局下，我国加大外循环经济的发展，这充分表明我国顺应经济全球化态势，加速提升对外开放水平。事实上，从改革开放以来，我国的对外开放策略从未停止。如今，随着我国对外开放程度的进一步加深，我国在国际市场中的地位也在不断提升，并在多个领域取得了不俗表现。

从我国当前的进出口情况来看，由于受到疫情的严重冲击，我国为了做好应对，加大了宏观经济政策的应对力度，同时也做好了"六稳"工作，全面落实"六保"任务，在对外贸易方面获得了显著的经济效应。

2020～2022年，尽管全球受到了疫情的严重冲击，但我国却成为了全球唯一实现经济正增长的主要经济体，我国的外贸经济发展状况远超预期，外贸规模再创历史新高。主要体现在以下四方面：

（1）进出口规模创新高

在疫情的影响下，全球贸易和经济受到了冲击，我国外贸发展所处的外部环境也变得异常复杂和严峻。这样的艰难情况下，我国的外贸进出口实现了快速回稳、持续向好。这无不展现了我国强大的韧性和综合竞争实力。

据海关相关数据显示：2020年，我国货物贸易进出口总额为32.2万亿元人民币，比2019年增长2.1%，其中出口17.9万亿元，同比增长4.0%；进口14.3万亿元，同比下降0.2%。进出口规模创历史新高。

这些数据充分说明，我国外贸经济呈现稳步提升态势。

（2）外贸主体活力持续增强

近几年，我国货物贸易规模不断攀升，这充分体现了我国不仅是"世界工厂"，还扮演着"世界市场"的角色。我国的对外经济不但向全球提供了物美价廉、琳琅满目的商品，而且为全球各国提供了更加广阔的市场。基于这一点，我国的外贸经营主体在近几年也变得更有活力。

2022年上半年，我国的进出口实绩企业达到了50.6万家，同比增加5.5%，民营企业42.5万家，增加6.9%。

这使我国第一外贸大国的主体地位得到了巩固，成为稳定外贸市场的重要力量。

（3）贸易合作伙伴多元化

我国近几年在贸易方面取得了不错的成绩，从侧面也说明我国经济实力强大。由此也吸引了众多贸易合作伙伴加入合作，呈现出多元化的特点。

2022年上半年，我国五大贸易合作伙伴分别是东盟、欧盟、美国、韩国、日本，双边贸易额增速分别为10.6%、7.5%、11.7%、8.5%、2.9%。

（4）传统优势产品外贸交易量持续增长

我国有很多传统优势产品，如机电、家具、钢铁、纺织、药品、塑料制品等。这些产品优势稳固，出口量大，并呈持续增长态势。

以锅炉、机器、机械器具以及零件为例。2018～2021年，机电在东盟各个国家的出口额分别为240.67亿美元、289.33亿美元、296.2亿美元、367.4亿美元。从数据来看，机电的出口额在不断提升。

以钢铁为例。2018～2021年，钢铁在东盟各个国家的出口额分别是145.44亿美元、120亿美元、100.42亿美元、171.64亿美元。虽然在前几年钢铁的出口额有所下降，但在2021年，钢铁的出口额大幅增长。

2. 新业态迎来多重利好政策

跨境电商作为近年来的新业态，得到了快速发展。国家也出台了很多利好政策来支持跨境电商的发展。由此吸引了众多资本布局跨境电商领域。

根据企查查数据显示，近年来，跨境电商在我国的发展呈持续增长状态。2010年，跨境电商相关企业仅增长了309家；2014年，这一数据突破了1000家；2015年，增速更快，达到了2136家。之后的四年时间里，这一数据保持在2000～2500。进入2019年，跨境电商企业的增幅再次扩大，达到了3191家；2020年，我国跨境电商新增注册企业达到了6145家；2021年新增1.09万家。中国电商企业大数据预计，2022年我国电商相关企业注册量将超150万家。

总之，不论外部环境多么严峻，我国在国家政府的利好政策的调剂下，使外循环经济的发展依然呈现迅猛态势。这为我国构建双循环经济格局打下了坚实的基础。

外循环经济的本质

在我国加入世界贸易组织之后，我国的经济发展速度超越了以往任何一个时代。当我国融入世界大经济中，向世界输出商品，积累了巨大外汇储备规模的时候，我国就进入了典型的外循环经济模式。

那么外循环经济的本质究竟是什么呢？答案就是实现资源高效配置。换句话说，就是把我国生产出来的东西卖出去、把钱投出去；把我国缺少的东西买回来，同时吸引外资。

每个国家的资源、能力、比较优势等都有所不同，通过外循环经济可以帮助我国的资源、能力、比较优势等实现更加高效的配置，达到提升我国经济效益的目的。

比如，泰国盛产榴莲，俄罗斯盛产石油、天然气，加拿大盛产木材，美国的融资成本低，德国的机密仪器发达，韩国半导体设备规模庞大等。

这些比较优势可以通过国际往来、国际分工，互通有无，取长补短，实现资源高效配置。

当然，借助外循环经济实现我国资源高效配置的目的，最终还是为了赋能内循环经济。外循环越通畅，内循环越有质量。

外循环经济对中国经济发展的作用

国家在注重发展内循环为主的基础上，还兼顾发展外循环经济，以此构建双循环经济格局。那么国家为什么要发展外循环经济呢？"外循环"对我国经济的发展能够起到什么样的作用呢？

1. 解决产能过剩问题

经济外循环对于我国经济发展首先起到的作用就是解决产能问题。

人们对于经济的发展过程存在一定的争议，有的人认为是生产力相关的商品供给决定了市场需求能力，有的人认为是市场需求能力决定了商品的供给。但随着后来大量的实例证明，在商品产能爆发式增长的情况下，市场的消费能力并没有同比增加。这也就意味着，由于科技的发展使产能增加，但消费需求并没有由此而得到大幅提升。

因为经济体系中，绝大多数商品的产出和消费主体是中产阶级。这类人群有着良好的劳动技能和稳定的消费能力。但当他们劳动换来的报酬越来越少时，其消费能力随之降低，而产能不断增加。由此就会出现产能过剩问题。

出现产能过剩，如果没有政策干预，就出现价格崩盘的情况。一方面，企业不盈利，就会削减开支，降低人员需求，人们开始大规模失业，由此而进入一种恶性循环状态；另一方面，股票市场也会因为企业利润的消失而崩盘。所以，解决产能过剩势在必行。

产能过剩是一个长期困扰我国经济运行的难题，严重的产能过剩，必然会诱发经济危机。如果只发展内循环经济，那么产能只能面向国内市场。而国内市场无法完全消化自己生产出来的产品，没有外部市场的分摊，产能过剩的情况将会更加严重。所以，国家在重点发展内循环经济的同时，也十分注重外循环经济的发展。外循环经济可以有效解决产能过剩的问题。

2. 助力我国参与国际竞争

发展外循环经济，我国可以进入国际市场，在无形中就能发现自身的不足，有助于我国不断学习一些好的技术和模式，弥补自身不足。所以，外循环经济的一个重要作用，就是能够让我国进入国际市场中的企业和品牌持续学习，不断提升自我在国际市场中的竞争力和市场地位。

3. 实现国内领先技术的向外推广

我国也有许多技术在全球范围内遥遥领先。但要想借助这些先进的技术实现对外快速扩张，就需要借助外循环经济的力量。在外循环经济的作用下，可以将我国的自己的领先技术向外推广，从而实现赢者通吃的目的。

比如，支付宝是我国自主研发的一款先进的支付系统，为广大用户提供了十分便捷的支付方式，受到很多国人的喜欢。但如果这项先进的技术只在国内应用，市场有限。将这项领先技术向国外推广，就可以快速开疆拓土，达到快速增加用户规模、将自身做强做大的目的。

4. 解决自产自销之外的需求

内循环经济主要注重的是自产自销。但一方面由于技术缺乏，比如航天发动机、生物医药等，在目前难以实现突破；另一方面受到地理位置的影响，如石油等，这些产品难以实现自给自足。这是内循环经济存在的短板。而这些短板则可以通过发展外循环经济得以有效解决。

因此，国家提出借助外循环经济辅助内循环经济，对实现双循环经济共同发展来说，无疑是一种明智之举。

经济内循环与外循环的辩证关系

内循环经济和外循环经济是我国双循环经济的两个重要组成部分。构建双循环经济格局，就需要内循环经济与外循环经济两条腿走路才能实现，两者缺一不可。

那么内循环经济与外循环经济之间究竟有哪些千丝万缕的联系呢？从二者之间的辩证关系中，我们能够找出答案。

1. 同一性与斗争性的辩证统一关系

单一来看，内循环经济与外循环经济之间是一个矛盾体的两个方面。

一个是以国内市场为主的"内循环"，另一个是以国际市场为主的"外循环"。

同一性是指双方相互依赖，相互影响，在一定条件下还可以相互促进。内循环经济是铆足劲将中国内需提上去，建立统一的国内大市场，从而有足够的资金和技术力量来进行科技创新，不再被国外"卡脖子"。外循环经济能够使我国在全球竞争中保持较高的竞争力。这两方面在发展双循环经济的过程中都需要重视，不能只强调一方面而荒废另一方面。

斗争性是指矛盾双方相互排斥。内循环经济主要是促进国内经济的提升、人们生活水平的提升；外循环经济主要是强调我国在全球市场中竞争力的提升。虽然两者一种强调的是"内"，一种强调的是"外"，主张的经济发展的方向不同，但双方既对立又统一，都是为了推动我国经济的高质量发展，推动我国在发展的过程中变得又大又强。

2. 主要方面与次要方面的辩证统一关系

双循环经济强调："加快构建以国内大循环为主体、国内国际双循环相互促进的新发展格局"。从这一点来看，"内循环"是发展双循环经济的主要方面，"外循环"是发展双循环经济的次要方面。

虽然一个是主要方面，另一个是次要方面，但两者相互依存，缺一不可。既要抓主要方面，又要认识到次要方面的重要性。既要抓住主流，又不能忽视支流，要重视和坚持两者之间的统一。

总而言之，发展双循环经济，以国内大循环为主体，并不是意味着关起门来自我发展，而是在国内循环的生产、流通、消费的全环节开放的环境中运行，吸引跨国企业、外资企业，稳定产业链、供应链，以此提升我国在世界经济市场中的地位，增强同世界经济的联系，为其他国家提供更加广阔的市场机会，带动全球经济快速从低迷期中走出来。

所以，双循环经济格局下，经济内循环与外循环看似矛盾，却相互促进。我们应当以正确的视角去认识内循环经济和外循环经济之间的关系，要积极推动形成国内改革与对外开放、引进来同时还要走出去，加强内部需求和外部需求的相互促进、协调发展。

外循环经济在严酷环境下的多重突破

随着国家提出的双循环经济的不断发展，我国的对外流通正面临着对外贸易和投资多元化、经济伙伴关系多层次发展的机遇。但与此同时，也面临一些问题。

1. 巨额外汇问题

我国经济外循环发展的过程中，首先面临的必然是长期且巨额的外贸顺差所带来的巨额外汇。外汇是无法直接在本国流通的，需要当作抵押品，才能兑换成本国流通的基础货币。这样就会造成本国流通的基础货币超发的情况。由于这部分基础货币背后并没有相对应的商品财富，所以超发的这些基础货币，很可能会引发资产泡沫危机。

面对这样的问题，最好的方法就是加速推进人民币国际化。

虽然，人民币国际化已经不再是一个新鲜词汇，早在改革开放时期，国家就已经对人民币国际化进行了曲折而艰辛的探索。目前，中国人民银行共授权境外人民币清算行 27 家，覆盖了 25 个国家和地区。但与此同时，我们也会发现，人民币在境外使用时，依然受到诸多制约，且很多国家和地区在国际货币使用方面存在较大的美元惯性。

当前全球人民币储备份额不足，不到 3%，这一数字远低于其在 SDR❶货币篮子中 10% 以上的权重。造成这种情况，主要是因为，一种货币使用的人越多，其交易成本就越低、流动性就越好，使用者也会在使用的过程中对其产生依赖。基于此，目前，人民币的国际化发展速度虽然快，但并不能成为使人们产生依赖的货币。如果能缩短与美元、欧元、英镑等主要国际结算货币之间的差距，那么就可以真正推进人民币国际化，降低资产泡沫危机。

2. 跨境数据流动政策冲突问题

当前是数字化时代，数字经济发展的全球化和流动性日益增强。跨境数据流动成为推动全球经济发展的重要特征。麦肯锡全球研究院（MGI）指出，近年来，数据流动对全球经济增长的贡献值越来越高，尤其是近几年疫情的出现，全球贸易下降 11% 左右，但数字贸易却逆势上升。数字技术创新，加速了生产、分配、消费等各个环节的重构，也在一定程度上提升了数据流动的速率，跨境数据流动已经成为了当下数字化时代经济外循环的重要特征。

---

❶ SDR，即特别提款权，是指国际货币基金组织根据会员国认缴的份额分配的，可用于偿还国际货币基金组织债务、弥补会员国政府之间国际收支逆差的一种账面资产。

但是，问题是，不同国家的跨境数据流动政策存在差异性。美国的跨境数据流动政策强调的是在安全规则下的跨境数据自由流动；欧盟的跨境数据流动政策侧重点是在欧盟达到充分认证标准的国家之间、欧盟内部之间数据的自由流动；我国的跨境数据流动政策的注重点在于数字空间的主权维护。

我国在发展外循环经济的过程中，具有三方面的优势，分别是数字资源、数字技术、数字市场。数字资源是我国发展外循环经济的最大优势。然而我国的跨境数据流动政策和治理存在一定的障碍。

首先，我国的"数据本地化"政策与现行的主流贸易规则并不相符，经济外循环尚未完全打通。参与经济外循环，可以分享国际分工的红利，但一个重要的前提就是要具备国际贸易自由化的属性。我国的基于数据属地原则和数据主权的考虑，制定的"数据本地化"政策，难以支持WTO中有关"谋求禁止数据本地化"的主张，阻碍我国经济外循环的扩张。

其次，我国在数字经济外循环中处于价值链中低端，数字服务能力较弱，发展数字经济外循环存在"卡脖子"问题。

跨境数据流动的规章制度是发展经济外循环的核心内容之一，对我国数字经济外循环具有深远的影响和意义。要想解决跨境数据流动政策存在的障碍，可以通过以下两方面来实现。

第一，加速制定跨境电商多边贸易规则。跨境电商是经济外循环的一个重要组成部分，构建跨境电商相关税收、贸易便利化以及消费者保护等制度，可以形成符合WTO相关原则的标准体系，进一步抢占全球数字贸易规则和标准制定的主动权。

第二，将符合我国的利益跨境数据流动规则嵌入国际贸易协定中。当前，世界各国关于全球经济发展的立场存在一些差异，在短期内无法达成一致协调意见。我国的跨境数据流动政策可以借助自贸谈判这个契机，嵌入到双、多边贸易协定当中，促进数字互联互通，构建数字经济命运共同体。

总之，发展经济外循环，解决跨境数据流动的问题刻不容缓。

第四章
战略要义：双循环经济的战略意义

　　我国发展双循环经济，并不是"拍脑袋"想出来的，而是我国在审时度势之后做出的重大抉择，是我国应对当前复杂经济形势的破局之道，其对我国今后经济发展的走向具有很强的指导作用。

调整出口导向发展战略

自 20 世纪 80 年代以来，我国成功抓住了新一轮的全球化浪潮，制定了"依赖国际大循环开启国内市场化改革，构建内部市场化大循环"的外向型经济战略。这一战略促使中国的经济实现了持续快速增长。

随着时代的发展、全球化进程的演进，以及全球金融危机的爆发，我国以往这种外向型经济模式，无论从总体结构、治理体系，还是从运行规律来看，都发生了剧烈变化。这时，依赖国际大循环的出口导向型经济战略难以与全球经济发展的新格局、新模式相适应，并在经济发展过程中呈现出诸多弊端。主要表现在以下方面。

首先，全球化红利递减，分配模式发生改变，导致全球化发展的动能大幅减弱，我国经济的外需市场出现严重萎缩的情况。此时，我国必须寻求新的发展模式来改变这种糟糕的情况。后来，经过深入研究和探索，我国将经济发展的动能从"出口—投资驱动模式"转为"内需—创新驱动模式"。

其次，我国在技术方面存在很多"卡脖子"的问题，这些问题要求我国的技术发展必须从原来的"进口—移植—模仿—消化"模式转变为自主创新模式。

再次，"两头在外"的贸易模式，使我国难以摆脱全球价值链的约束，而且我国需要面临"比较优势低水平陷阱"的危险。想要构建全新的国际合作模式、提升我国的国际竞争力，就必须全面强化国内分工体系升级，形成以内促外的新格局。

从次，我国内循环经济不畅通、碎片化等特点，使我国经济在国际市场中的竞争力难以快速提升。要想实现我国经济的进一步开放，需要"内循环"的全力支持。

最后，开放战略不但不能推动我国经济高质量发展，反而成为我国经济循环的动荡源。

基于以上弊端，我国急需对出口导向发展战略做出修正和调整。

事实上，早在 2006 年和 2011 年，我国的"十一五"规划和"十二五"规划就明确强调我国要对"两头在外"的出口导向型发展战略进行修正，并提出"立足扩大国内需求推动发展，把扩大国内需求特别是消费需求作为基本立足点，促使经济增长由主要依靠投资和出口拉动向消费与投资、内需与外需协调拉动转变"。

在过去的十多年里，我国的外向型经济转型内向型后，取得了良好的效果。主要表现在以下方面：

① 2006 ～ 2020 年，外贸依存度从 64% 逐年下降至 32%。

②加工贸易比重下降幅度明显，劳动密集型产品所占比重大幅下降，出口国集中度大幅下降。

③内需尤其是消费对经济增长的贡献度大幅提升，平均水平超过了 70%。

④技术转让力度下降，国内技术创新成为产品出口获得竞争力的关键。

⑤国内营商环境、创新环境、市场秩序得到了前所未有的改善，我国国内的大市场效应开始全面显现。

从以上五个方面就能看出，我国经济发展实现由外向内的战略调整，是非常正确和可行的。

保障经济安全，谋划增长新空间

2020 年，国家提出的双循环战略，是攸关我国经济发展的全新格局。发展双循环经济战略的提出，其重要的一点，就是为了保障我国经济安全，为我国经济增长谋划新空间。

改革开放初期，我国的制造业属于劳动密集型产业，我国在全球分工与经济大循环当中，是一个名不见经传的参与者。随着科技的进步，我国制造业通过持续产业升级，转变为集约型生产，逐渐提高了自身在全球价值链中的位置。如今，我国已经成为名副其实的世界工厂，并在总体上形成了研发中心、金融中心、消费中心，特别是中国制造中心。

随着我国在科技领域的进一步发展，我国的人工智能技术、5G 技术已经能够凭借自己的实力"走路"，也因此赢得了诸多国家的钦佩和羡慕。

在 2020 年，一场突如其来的疫情在全球蔓延，这给全球经济造成了很多不确定性，而且疫情期间全球经济运作不畅，造成外需的严重萎缩，全球供应链也不稳定。我国深处其中，遭遇了同样的境遇。这加速了我国传统国内国际循环模式的终结。

在这样的背景下，我国提出了以内循环为主，国内国际双循环相互促进的经济新发展格局，推出了双循环经济，以此来保障我国经济安全，为我国经济谋划新增长空间，推动我国从旧的国际国内循环模式转向新的国内国际双循环模式。

具体来讲，主要包含两方面含义。

1. 实现内部经济自我循环

双循环是以内循环为主体，在外部环境高度不确定的情况下，借助我国产业基础实力雄厚、产业链条完整、战略回旋空间大、超大市场规模的特点，推动生产、分配、流通、消费等经济发展环节实现内部自我循环。这些内部自我循环，包括供需循环、产业循环、区域循环、城乡循环和要素循环等。

（1）供需循环

在供需循环方面，需要充分发挥我国社会主义制度的优势，积极扩大有效需求，为国内产品销售创造更大的市场空间。

（2）产业循环

在产业循环方面，需要稳定优化产业链、供应链、价值链，使这三方面能够协调发展。同时，还要保证实体经济与虚拟经济相结合，达到实体经济与数字经济融合共生的状态。

（3）区域循环

在区域循环方面，需要促进区域协调发展，并推出更有效的区域协调战略，打造区域产业集群，加强区域之间的联通，实现区域间的畅通循环。

（4）城乡循环

在城乡循环方面，要加快城乡振兴速度，打造城乡一体化，促进城乡要素的自由流动，将农村发展成为新的生产中心与消费中心，推动城乡形成多层次交换循环。

（5）要素循环

在要素循环方面，要进一步打通痛点与堵点，使物流、人流、信息流、资金流等要素能够顺畅循环。

以上几方面的自我循环，是保证我国经济安全的基础。

2. 形成"一带一路"的国际大循环模式

在双循环经济中，国内国际经济发展相互促进，摆脱过度依赖传统国际大循环的模式，形成更多的面向南方国家、面向"一带一路"国家的国际大循环模式，以此为我国经济谋划增长新空间。

一方面，我国作为世界市场中的一员，在全球经济开放政策下，与世界各国分享我国的市场机遇。

另一方面，我国作为世界工厂中的一员，为世界各国提供中国制造、中国创造。

实现国家经济高质量发展

"以国内大循环为主体",是切合我国当前经济发展现状和所处经济环境所提出来的,重点突出的是内需的重要性。

当前,我国的经济形势依旧十分复杂和严峻,内外部环境都存在较大的不确定性。主要表现在以下方面。

1. 全球经济衰退、逆全球化导致我国的外需下降

2020 年,一场突如其来的疫情改变了人类历史。正如经济学家托马斯·弗里德曼所说,我们或许会把人类分为疫情前和疫情后,就像人类划分公元前和公元后一样。的确,2020 年无疑是这个时代划分的分界点,带来了全球化问题、经济萧条问题等。

疫情的出现,使全球经济发展缓慢,甚至出现短期倒退的情况。在这个时候,由于个别国家的供应链回流,造成了"逆全球化"的局面。而这又进一步导致我国的外需下降。

2019 年,我国货物和服务净出口对 GDP 的增长拉动约为 0.7%。2020年,该数据约为 0.6%。

2. 国内消费、投资下滑，给经济增长带来压力

2020年年初，疫情突然来临，国内企业延迟复工，我国生产链受到拖累。虽然从3月份开始，工业生产活动迎来修复，但受到年初生产活动的拖累，我国整体经济状况依旧不太乐观。

（1）消费方面

2020年年初，几乎全民居家抗疫，这在很大程度上拖累了消费，使国内消费增速大幅下滑。

据相关统计数据显示：2020年1～2月，社会消费品零售总额累计增长 -20.5%。2020年与2019年同期相比，社会消费品零售总额也处于下降态势。

（2）投资方面

由于疫情的影响，国内外经济前景不明朗，所以很多投资商处于观望状态，他们不敢轻易作出投资决定，以此来减少可能存在的经济损失。如房地产投资、基建投资、制造业投资等。

以制造业投资为例。制造业投资主要面临三方面的压力：

①延迟复工使企业产能利用率较低，这在很大程度上制约了制造业企业的投资意愿。

②制造业的产业链辐射领域极大，疫情对某个环节的冲击沿着产业链向外扩散，部分抗风险能力较差的企业和行业可能面临严重困难，这会拖

累整个制造业的运行效率。

③受疫情的冲击，销售受阻，这加剧了企业现金流的紧张程度。

基于这两大方面，我国经济质量提升受阻。我国国内经济的未来发展需要更强大的内生动力，传统的要素成本已经不能与未来经济的发展需求相匹配。因此，推动我国经济高质量发展，是顺应经济发展规律的客观要求，也是满足民众对美好生活向往的必然选择，是我国经济发展的重点任务。

双循环经济，即国内和国际经济两手抓，双管齐下。借助内循环，充分利用我国完备的生产体系，发挥我国巨大的市场优势和创新潜能，稳住产业链和经济运行，有效缓解日益增长的国际风险。借助内循环与外循环的相互促进，有机统筹国内国际两个巨大的市场，使两种资源能够协同，为我国经济的发展和产业的升级提供更大的空间。

发展"双循环"经济，有利于我国的经济体系的稳定运行，能够有效应对日益复杂的国际大环境，实现我国经济的高质量发展。

重塑我国经济优势

当前，我国经济发展的格局如下：

首先，我国存在关键核心技术短板。我国经济从高速增长阶段向高质量发展阶段不断迈进的过程中，关键核心技术存在一定的短板，使我国在关键核心技术方面受制于人，成为我国经济发展的瓶颈。要想改变这种现状，就要全面提升我国的自主创新能力，尽快突破关键核心技术。这是我国经济发展的重大问题，也是我国发展以内循环为主体、国内国际双循环相互促进经济格局的关键。

其次，我国存在结构不均衡现象。我国目前在产业结构、区域结构、资源配置结构、国民收入分配结构、供需总量和结构等方面，还存在一定的不均衡现象。尤其在我国社会矛盾发生变化的前提下，发展的不平衡、不充分成为矛盾的主要方面。这些结构不均衡现象中，首要的是供给方面的问题。所谓的不均衡，主要是供给侧结构性问题；所谓的不充分，主要是供给水平，尤其是质量问题。

当前，我国发展以内循环为主的双循环经济，不仅是在当下全球经济环境严峻、疫情蔓延的困局下所采取的经济模式，还是应对我国当前经济发展现状，对内实现更深层次改革和对外实现更高层次开放的必然之路。

这种新经济发展格局并不是封闭的国内大循环，而是重塑我国经济优势的最好契机。主要表现在以下四个方面。

1. 重塑国际经济循环的互补优势

在面临全球经济环境骤变和疫情冲击的情况下，构建以国内大循环为主，同时促进开放的国内国际双循环，必须以"一带一路"为重要的支撑。"一带一路"沿线国家的经济互补性强，与以往国际产业转移有所不同。以往是由发达国家主导向发展中国家迁移，形成发达国家为主导并占据高端的全球产业链，这个转移的过程本身也是逐渐拉大发展差距的过程。"一带一路"则是由我国倡议推动，共商共建共享，打造政治信任、经济融合、文化包容的利益共同体、责任共同体和命运共同体，进而形成一个全新的互利互惠的国际循环体系，实现中国与国际经济的双循环优势互补。

国内经济安全、稳定增长，才有更多的精力去维护和优化国际循环，让国际循环为国内循环提供补充。只有稳定国际循环，才能切实提高内循环的活力、质量与效率。因为，开放政策能够让我国的企业进入国际市场，在激烈的市场竞争中不断创新，不断提升竞争力。也只有进入国际市场，才能让我国找到更好的合作伙伴，相互促进、相互发展。

2.重塑统一开放的市场经济优势

一个国家，能否实现资源配置和流动上的通畅，取决于这个国家的市场化水平。如果这个国家缺乏统一开放、竞争有序的市场体系，部门之间、地区之间、城乡之间就会相互割裂，难以形成国内大循环；如果这个国家与国际经济对接中缺乏以市场机制为基础的开放，就不会形成国内国际双循环。发展内外相互促进的双循环经济模式，就需要破除深层次的体制机制障碍，以深化改革激发新的发展活力，打造市场化、法制化、国际化营商环境。

3.重塑收入分配体系优势

发展内循环经济，主要体现在生产、分配、流通和消费各个环节，而且这些环节相互协调发展。如果脱离了有效、公平的收入分配体系，不但会抑制和扭曲消费，还会削弱经济增长的动力。以经济内循环为主体、国内国际双循环相互促进的发展模式，能够普遍提高全民收入，让每位居民都能实现就业，促进收入分配格局趋于均衡，使收入分配体系的优势得以重塑。

4. 重塑城乡区域经济发展优势

如果一个国家的城乡之间、区域之间缺乏协调互动，那么这个国家的二次元经济差异显著，区域增长极缺乏优势，就会在其他地区缺乏带动效应。这无论对于供给侧还是需求侧，都难以形成经济内循环，更不可能具备形成我国实现经济内循环为主的发展能力。

在当前的国际形势下，我国发展内循环经济，要将关注点放在提高经济发展效率方面，而外循环经济要逐渐适应当前的形势，迈入经济全球化的新阶段。在当前这个关键性时间节点，重塑我国经济优势十分迫切。这对我国以国内大循环为主体、国内国际双循环经济的发展具有加快推进作用。

化解当前的经济风险

自改革开放以来，我国的经济渗透度与全球化进程依靠对外开放、吸引外资和参与全球化贸易等方式得以迅速发展。在改革开放的短短 40 多年里，我国就成为世界第二大经济体，并拥有了第一制造大国的美誉。但是，这也使我国国内市场开发不足，造成经济结构、收入分配等方面的问题，由此加大了国内经济的风险，对国际市场的依赖也逐渐变大。

进入 2020 年，全球经济周期性下行，国际金融市场的脆弱性进一步增长，再加上一场突如其来的疫情，全球金融市场的波动性急剧上升，世界经济再次面临一场严峻的考验。

在这种情况下，我国经济运行的外部环境更加严峻和复杂，这使我国面临的经济风险更为突出。

1. 外部因素引发的经济风险

2020 年，疫情在全球蔓延，全球产业受到了严重冲击，国际间经济、金融、贸易流动放缓。与此同时，西方经济体潜在增长率大幅下降，一些发达国家也通过本次疫情，发现自身产业空洞化严重，纷纷将目光转向国内，将原本在海外的产业重新迁回其国内，重建本国制造业。

在这种大形势下，以往那种全球经济运行方式难以为继。我国原先经济"两头在外，大进大出"的发展模式也存在很大的风险，难以继续下去。那些因为这场全球疫情而自顾不暇的国家很可能会更加偏重医疗卫生产品，而减少其他方面的消费需求，使我国其他领域的消费产品出现过剩、要素成本全面大幅上升，这对于我国经济的发展、资金的流通带来极大的风险。一些西方国家的限制和干扰使我国在国际大循环中面临更多的风险和困难。在这样的情况下，我国迫切需要一个能够重塑我国国际合作和竞争优势的新格局。

2. 内部因素引发的经济风险

在外需趋弱、外部消费难有起色的情况下，我国内部也存在一定的经济风险。

（1）房地产投资失速风险

近几年，房地产投资增速明显，使房地产市场供需失衡的情况加剧，形成高价格、高库存、高杠杆格局。而当前形势很可能会引发房价在非理性预期下的报复性上涨，从而引发房地产投资失速的风险。

（2）资本市场风险

股票市场连续下跌，可能使股票质押规模较大的金融机构出现流动性风险，不利于市场信心的恢复，容易引发资本市场丧失融资功能的风险。在极端情况下，市场的过度丧失信心、过度悲观，也可能引发股市、债市、汇市联动的系统性金融风险。

（3）金融供给侧不平衡风险

当前，我国的金融供给市场结构不平衡，过度依赖于银行体系。同时，我国传统银行产品和业务不能满足不同市场主体的需求；利率市场尚未完全到位，而利率市场是一把"双刃剑"，它可以加剧存贷利差缩窄，也可以给银行带来高风险。

基于这些经济风险，我国急需一个能调整和优化经济发展的新经济模式。

扩大以国内大循环为主体、国内国际双循环发展的经济格局，是根据我国当前经济发展阶段、所处环境、所遇条件变化提出来的。这一全新的经济格局，将使中国的经济运转更加健康，降低外部冲击所带来的影响。同时，还能使房价、资本、金融供给侧等方面存在的风险大幅下降。

第五章
运行要务：国内大循环体系运行的
支持和驱动

内循环经济的发展并不是简单的一句话。国内大循环体系的运行是在努力做好各方面工作的基础上才能实现的。掌握内循环经济的运行要务，对解读以内循环为主体、国内国际双循环相互促进的新经济发展格局大有裨益。

加速培育完备的内需体系

当前，全球正处在一场前所未有的大变局当中。

在这个紧要时刻，在中国人民政治协商会议第十三届全国委员会第三次会议上，国家高层指出：面向未来，我们要把满足国内需求作为发展的出发点和落脚点，加快构建完整的内需体系，加大推进科技创新及其他各方面的创新，加快推进数字经济、智能制造、生命健康、新材料等战略性新兴产业，形成更多新的增长点、增长极，着力打通生产、分配、流通、消费各环节，逐步形成以国内大循环为主体、国内国际双循环相互促进的新发展格局，培育新形势下我国参与国际合作和竞争的新优势。

这一论述重点强调了"构建完整的内需体系"，这也是我国发展内循环经济的一项首要任务。

如何构建完整的内需体系呢？做好这一点，并不是简单地讨论"内需"是什么，而是要将重点放在：立足当前时代背景，形成内需，需要具备什么样的条件？在什么基础上实现？需要什么样的机制来推动？

明白了这一点之后，有助于更好地了解如何构建完整的内需体系。加速培育完备的内需体系，需要从以下五方面入手。

1. 以稳定市场预期、提高社会资本投资积极性为着力点

对于企业家来讲，能否吸引其扩大生产、敢于从事创新性冒险活动，往往取决于三个方面。

①经济的发展前景是否美好。

②市场竞争的公平性是否足够高。

③企业家的产权能否得到有效保护。

在当前的疫情影响下，广大民营企业受到的冲击是最为严重的。此时，最重要的是采取相应措施来提升民营企业家的信心，营造中国经济发展向好的预期。更重要的是，落实对民营企业家向好的相关举措，包括：减轻企业税务，解决民营企业融资难的问题，营造公平的竞争环境，将加强产权保护落到实处，保护企业家的人身和财产安全。

2. 以供给侧结构性改革为主线，提高资源配置效率

内需，一端连着消费，另一端连着投资，消费和投资之间存在一个比例关系，只有这一比例关系合理时，内需才能实现高效资源配置。这一点又取决于供给侧与需求侧之间的衔接程度和匹配程度。当前，我国在供给侧方面存在不少短板。

①要素市场，资金、土地、劳动力等要素的流动存在障碍。

②产品市场，物流成本过高，农村市场与电商衔接的"最后一公里"依然没有打通。

③受疫情影响，服务市场，如餐饮、商场、文化、旅游等行业经济低迷，医疗、教育养老等领域亟待进行深化改革。

要想弥补这些短板，就需要推进要素市场化配置改革，建设更加完善的社会主义市场经济体制，通过深化供给侧结构性改革，提高供给侧与需求侧匹配的灵活性，达到提高资源配置效率的目的。

3. 以持续扩大就业和提高居民收入为基础

拉动内需，关键在于收入。而收入的来源在于就业。没有就业，民众就没有收入，那么内需更无从谈起。一场疫情的到来，对实体经济的冲击巨大，给就业带来巨大的影响。失业率升高，部分民众的收入下降，给他们带来了巨大的压力。尤其是那些已经脱贫的民众因此而返贫，生活压力加大。

在这种情形下，要想鼓励民众消费，首先就要保证其能够就业。

①要完备就业的相关政策，打开就业的新格局。

②有效降低个人所得税税率，提高民众的劳动报酬。

4. 发挥政府在扩大内需、维护市场中的作用

在扩大内需过程中，政府要发挥两方面的作用：一方面，将政府采购作为当前的消费需求；另一方面，借助政府的力量，投资重要的公共项目，以此形成投资需求。

就目前来看，这两个方面都存在一定的提升空间。

①要以建立健全的政府采购策略作为切入点，重点发挥政府采购对扩大内需的促进作用和引导作用。

②提高和优化公共项目投资效率和结构，将投资更多地用于市场不能进行资源有效配置的公共领域，如公共卫生、城乡基础建设、生态环境保护等，从而保证公共项目投资能够发挥其应有的作用，达到提升总需求的目的。

③政府和市场不是简单的替代或互补关系，强市场是需要健全的法制体系来维护的，法制力度的强弱决定市场的高效与否。政府发挥作用的目的就是让市场在资源配置中起决定性作用。政府和市场共同努力才能构建和谐社会，为和谐社会提供法治支撑和充分就业。

5. 形成内需外需兼容互补、国内国际双循环相互促进的新格局

在发展双循环经济的过程中，不能只谈内需。在开放经济条件下，内需的形成和有效供给需要国际产业链、供应链的协同发展。疫情下，全球贸易受挫，中国依然会持续扩大进口以满足国内多样化、个性化需求，依然会以开放的姿态深度融入全球产业链、供应链。我国有 14 亿人口，蕴含着巨大的消费潜力，我国的经济活力和发展空间巨大。

在未来几年里，我国自身的内循环就可以拉动中国经济增长，而且还可以通过增加进口来拉动周边国家、国际社会，从而带动全球经济复苏，形成国内国际双循环相互促进的新格局。

全面发力数字经济

当前，我国提出以内循环为主体、国内国际双循环相互促进的新经济发展战略。这一国家战略的重要目标就是恢复生产、扩大内需，而实现这一目标的途径之一，就是发展数字经济。

当前，数字经济已经成为世界潮流，是当前经济发展的主要推动力

量。要想快速实现我国内循环经济，就要全面发力数字经济。

1. 数字化产品向新领域延伸

以往，数字化应用大多用于网络办公、网络会展、数字学习、数字文化、数字传媒等领域。如今，数字化的应用则更加广泛，涉及诸多全新的消费领域，如智能家居、智能个人穿戴、智能交通出行等，其都依托数字经济，得到了较快的发展。

例如，借助数字技术，一面镜子被赋予了"望闻问切"的功能。结合现代中医技术和医学检测方法，在传统的镜子当中嵌入显示屏、传感器与操作系统，可以全方位监测、评估、干预、管理用户的身体健康，并向用户提供具体的健康问题解决方案。只要在镜子前照一照就能检测人体健康，并能及时公布健康信息。如果你最近脸上长痘、黑眼圈严重，显示屏就会告诉你多休息，并给出清淡的饮食调理和祛痘方案。这些在过去看来是天方夜谭的事情，如今都成为了现实。这样"出神入化"的智能产品，更受广大消费者的青睐，更具市场前景。这对于拉动内需和扩大消费来讲，具有非同一般的意义。

2. 消费支付数字化转型

在过去，人们出门都要随身携带现金，这样既不轻松又不安全。在支付消费费用时，还需要找零，费时又费事。这对于消费者来讲，多有不便。

随着科技的不断进步，经济的发展也随之发生了巨变。传统经济向新经济转变并迅速成长。尤其是近几年，全球经济放缓与国内外不确定因素增加，我国经济从高速发展阶段进入稳定增长阶段。在这场经济改革中，新经济成为拉动我国经济增长的关键驱动力。

一个最典型的例子就是，不管是路边的包子铺还是菜市场的小摊主，不管是大城市还是小县城，基本上实现了"无现金支付"。消费者用支付宝或微信扫码就可以完成交易。

根据中国新经济研究院发布的《小店经济报告》显示："码商"正成为拉动内需的新动力。九成的路边小店使用了扫码支付后，生意变好，消费频次提升了三成，销售额提升了2.5%，百元商品销售额提升了5%。

这种"无现金支付"，在数据支撑下，使我国经济瞬间具备了新经济元素。甚至有些数字经济比较发达的地方流行着这样一句话："不要钱，不要地，一张二维码搞经济。"从某种角度来讲，我国通过支付扫码交易的行为，扩大了内需，拉动了国内消费。

3.数字化提升全链条资源配置效率

数字化、智能化制造，可以同时实现个性化定制和低成本制造，客户可以实时提出需求，全程参与研发生产过程。在国家提出以内循环经济为主体的背景下，数字化网络平台能够聚合产业链上的多环节、多种类企业和多种生产要素，为各方提供多种类型的交互机会，提供业内所需的各种服务。这样，即便在特殊时期，比如此次全球疫情期间，当原有的产业链断裂时，平台可以智能化地在供需双方之间进行匹配，迅速寻找替代或调整方案，快速"补链""接链"，使全球分工体系的稳定性、安全性大幅提升。

4. 数字化赋能中小微企业

在内循环经济形势下，中小微企业的重要性会越来越凸显。发展内循环经济的第一动力就是企业。民营中小企业在内循环经济战略下，一定会有很好的发展前景。一个地区民营企业发展得好不好，主要是看营商环境和市场秩序。衡量中小企业发展的指标，重点不在于企业数量的多少或企业总资产增量的多少，而是要看一个地区的净资产增长。

内循环经济实现的基础是广大民众口袋里有钱，内循环经济的保障是实体企业的健康运营和发展，特别是中小微企业的健康运营和发展。帮助国内千万个中小实体企业走出困境，是开启内循环经济的第一步。然而，数字化赋能是中小实体企业走出困境的关键点，也是一个重要的突破点。借助数字化赋能，能够促进中小企业快速提升自我"造血"机能，助推中小企业实现向数字化、网络化、智能化的转型升级。

5. 用数字化加速新基建发展

发展内循环经济，离不开新基建，这是未来产业发展的一个风口。新基建涉及的基础设施包括 5G、大数据、人工智能、物联网、云计算、区块链等技术，而这些技术都属于数字技术。其中，5G 为数字网络，大数据技术为数字资源，人工智能技术为数字智能，物联网技术为数字传输，云计算技术为数字设备，区块链技术为数字信息。

以 5G 为例。预计 2020～2025 年，我国 5G 全面商用，将带来 10.6 万亿元的经济总产出，直接创造经济增加值达到 3.3 万亿元。将建成 5G 基站

500 万～ 600 万座，每座 20 万元，投资规模达到万亿元。

以物联网为例。预计 2020 ～ 2025 年，至少有 30 亿～ 50 亿台终端联网，形成一个万物互联的局面，由此带来的投资规模将达 2 万亿～ 3 万亿元。

在数字经济中，数字化是基础，网络是支撑，智能化是目标。数字经济将数据作为生产要素，通过网络实现数据的价值流动，通过智能化为各行业创造经济和社会价值。数字经济的本质在于信息化，其核心是数据。5G、大数据、人工智能、物联网、云计算、物联网技术的融合，为我国的数字经济发展起到了推动作用，带来了新的技术红利，成为全球经济增长的新引擎。用数字化加速新基建发展是当前我国处在全球经济发展的大背景下，激发社会创新创造动能的有效途径，有助于我国实现国内大循环。

培育新的经济增长极

2020 年，"发展国内大循环"多次被国家高层提及，这表明发展经济的新思路正在形成。

发展内循环经济，就要把发展国内经济、满足国内需求作为我国经济发展的出发点和落脚点，大力推进科技创新及其他方面的创新，加快推进数字经济、智能制造、生命健康、新科技等战略性新兴产业，培育更多新的增长极和动力源，打通内循环的生产、分配、流通、消费各环节。

那么什么是经济增长极？

增长极，是围绕推进性的主导工业部门组织的有活力的高度联合的一组产业。它不仅能迅速增长，还能以乘数效应推动其他部门的增长。简单来讲，增长极就好比具备"磁极"作用，每一个中心的吸引力和排斥力都会在力的作用下产生一定范围的"场"。增长极可以是部门，也可以是区域。增长极理论的主要观点是：区域经济的发展，主要依靠条件较好的少数地区和少数产业的带动，应把少数条件好的区域和少数条件好的产业培育成经济增长极。

理解了增长极与经济发展相关的词之后，我们可以更好地理解我国发展内循环经济为何要培育区域发展新增长极和动力源。那么具体该如何培育区域发展新增长极呢？

1. 通过城市群、都市圈建设，进一步增强中心城市和城市群等经济发展优势区域的经济和人口承载能力

（1）形成以超级大城市、都市圈、城市群为中心的多重嵌套和分工协作的新格局

当前，我国城镇化率已经超过 60%，各类城镇正在从原来各自发展的模式，向超级大城市、都市圈和城市群模式发展。尤其是京津冀、长三角、长江中游城市群、成渝地区经济圈等地区，已经大踏步向大都市圈、城市群的发展阶段迈进。在这个过程中，所产生的红利高达数十万亿级。取得这样的成绩，还要归功于高瞻远瞩、科学合理的发展规划，城市群、都市圈基础设施的综合效益以及促进相互协同、优化资源配置等这些看不到的经济效益。

（2）按照"大联通、小分布"的原则，采取"多中心、组团式"策略，合理布局中心城市功能集聚区

集聚效应能降低区域经济运行的成本，提高运营效率。产业组织或产业群在地域上的聚集，构成了城市空间的结构形态。城市功能区的聚集效应主要表现为：与核心功能相关的社会资源的密集分布，即表现为对诸如人才、信息、资本、物质要素、技术等社会资源的高效利用，是城市聚集效应的最集中体现，可以在相对有限的地域空间创造出巨大的经济产出。

以北京的布局为例。自中华人民共和国成立以来，北京功能区的形成和发展基本上是一种同心圆模式。即内城区是整个城市的核心地区，居住区大部分分布在二环到五环之间，而郊区则分布着别墅等低密度住宅。但北京的同心圆模式没有特别清晰的功能分区，核心地区聚集着城市的多种功能，包括政治中心、历史文化中心、商务中心、商业中心等。

北京的金融街，整体上可以看作是一个特色商务区。在金融街1平方公里的范围内，聚集着中国银行、中国建设银行、交通银行、北京市商业银行以及中国平安保险集团、中国电信集团、中国移动通信集团等300多家著名企业，形成了以金融机构、通信、网络公司为主，法律、咨询、评估等平台服务机构为辅的金融商务区。

前门是北京最大的商业中心，一些老店至今尚存。在这里，几乎所有的店铺布局、建筑形式、经营特色等都体现了强烈的传统文化色彩。目前，商业主要分布在前门大街两侧和大栅栏地区，以中小型网点为主，大型网点较少。

此外，还有马连道茶叶街、三里屯酒吧一条街、东直门内的簋街等，都是

采用典型的"多中心、组团式"商业策略创造了巨大的经济效益和社会效益。

（3）以联通高效、无缝对接的综合交通网络，降低城市人流、物流的综合成本

2. 用新技术、新应用的系统工程，寻找西部大开发的突破口，进而促进形成优势互补、高质量发展的区域经济布局

我国西部地区土地多、人口少，发展农业不适宜像沿海地区那样采用劳动密集型模式，而应当发展高技术、工程化、企业型新模式。可以借鉴以色列和新加坡的经验，在有条件的地方，利用大棚滴灌、立体种植、无土或少土栽培等技术发展新型戈壁农业，把广阔的戈壁滩建成超大规模的蔬菜粮食生产基地。

再比如，我国西部地区的水、光、电、风方面资源丰富，由于用电需求增长放缓、调峰能力有限、外送通道不畅等原因，近几年多次出现弃水、弃风、弃电问题。要想解决西部的这些弃水、弃风、弃电问题，并将这些宝贵的资源为东部地区所用，就要创新科技：通过发展抽水储能、化学储能等技术，平衡能源的峰谷差，将此类能源改造成稳定、可持续的电力资源；在西部地区布局云计算数据中心，通过"东数西算"为东部提供低成本的云计算服务。通过这些新的技术手段和发展思路，可以将西部地区富余的能源和资源转变为支持我国中东部地区经济发展的物质支撑。

经济增长，并不是出现在所有地方，而是以不同的强度，首先出现在

那些增长极上，这些增长极通过不同的渠道向外扩散，从而对整个经济的发展产生巨大的辐射作用。这对于打通我国内循环经济发挥着至关重要的作用。

提升国民创富积极性

我国发展"内循环"，简单来讲就是将自己生产的产品卖给国内消费者。在加入 WTO 之后，我国的外贸发展十分迅速，成为我国经济繁荣的重要支柱。

很多人认为，以前我国出口国外的产品是按照国外市场需求生产的，这些产品在国内并不需要。如今我国发展内循环经济，只要将原来出口国外的产品改弦更张，按照我国市场需求来生产，卖给国内消费者，我国的内循环经济就能运转起来。

这种观点正确，但并不全面。这个逻辑面临的一个重大问题是：消费者的钱从哪里来？制造商制造出国内消费者需要的产品，但国内消费者未必有足够的资金来撬动这个市场。

通常，人们认为有三种渠道刺激消费。

第一种，增加社会福利和保障制度，让大家不用为生活开销和不可预知的风险做更多的资金准备。这样，大家就能大胆拿出钱来进行消费。

第二种，用相关政策抑制储蓄和投资，鼓励消费。

第三种，人为刺激消费，使大量资金在短期内融入消费领域。

但这三种渠道，只要稍微深入推敲一下，就会发现其并不能从根本上解决问题。

首先，想要提升社会福利水平，需要居民手里有资金。

其次，抑制储蓄和投资，是为了提升消费者的长期消费能力，但月光族的消费能力不可能持续，也无法实现大额消费。

最后，人为刺激消费，会向居民释放出错误的市场信号，导致大量商家一窝蜂地去生产消费品。当缺乏储蓄的消费者花完手里的钱后，接下来面临的就是市场上的消费品出现大量过剩的局面。

从以上来看，消费者消费能力的提升，关键还是要壮大消费者的钱袋子。如何壮大消费者的钱袋子呢？重点是提升全体国民创造财富的积极性，可以从以下四个方面进行。

①打造更加公平的市场，让大众信任市场，愿意投入更多的资源、精力和时间。

②维护更加自由的交易，人们才会有更多的机会获得自己想要的东西，从事自己擅长的工作。

③对于民众的产权要有更加明晰的保障，这样人们才会更加放心地朝着自己的目标努力和奋斗。

④鼓励发展新个体经济，开辟全新的消费和就业空间。大力发展微经济，鼓励"副业创新"；强化灵活就业劳动权益保障，探索更多的副业。这样可以增加人们的收入来源。

以上四种路径之间并不矛盾，可以同时存在。

对于普通人来讲，直接关系比较大的是第二点和第三点；对于资本市场的投资者来讲，直接关系比较大的是第一点；对于实体经济的经营者来讲，直接关系比较大的是第四点。

只有激活全社会创新、创业、创富的积极性，才能使我国的内循环经济快速启动，才能推动我国经济社会的高质量发展。

加速新基建建设

一个国家的新兴基础设施建设（简称新基建）是国民经济和社会发展的基石，加大基础设施建设，是拉动国家经济发展的重要抓手。

中华人民共和国国家发展和改革委员会明确将新基建的范围界定为：信息基础设施、融合基础设施、创新基础设施三方面。

信息基础设施，主要包括 5G、物联网、工业互联网、人工智能、云计算、区块链、大数据中心等。

融合基础设施，主要包括智能交通基础设施、智慧能源基础设施等。

创新基础设施，主要包括重大科技基础设施、科教基础设施、产业技术创新基础设施等。

其中，信息基础设施中所包含的各项技术是最基础的科学技术。各项技术的融合形成了融合基础设施和创新基础设施。

就目前各地掀起的新一轮基础设施投资情况来看，大规模投资对恢复我国经济增长起到了"立竿见影"的效果，但由此带来的较高的债务风险等也需要我们高度关注。新基建投资对经济回升的促进作用，重点不在于投资规模的大小，而在于如何推动新基建的高质量发展，从而支撑社会经济的发展。

1. 提质增效，提升发展质量和效益

在当前经济发展的过程中，提质增效是一项重要内容，也是推动经济

高质量发展的主要途径。新时期，推动新基建的高质量发展，重点在于着力提升新基建的整体发展质量、系统效益和效益水平。

①巩固网络规模优势，聚焦新基建的网络薄弱环节，精准补齐短板，着力扩大新基建的网络效应，从而释放更多的规模经济红利。

②充分发挥新基建的"基石"和"先行官"的作用，支撑引领"一带一路"倡议，进一步强化新基建的辐射带动作用和溢出效应。

③以提升全生命周期质量水平为出发点，统筹新基建的规划、设计、建设、运营、维护、更新等各环节，加强项目全生命周期管理，提升新基建产业全链条的质量水平。

④将资源要素配置作为重点，挖掘新基建潜能，优化新增资源配置，提升新基建资源综合利用效率和系统运行效率。

2. 优化升级，在"精"字上下足功夫

优化升级是推动新基建高质量发展的重要手段，其核心是"去粗取精"，摒弃过去单一的规模扩张发展方式，转向精耕细作、精益求精的发展模式，通过减量发展、集约发展、协同发展，推动新基建的高质量发展。

在过去，我国一直都在基础建设方面做"加法"，做增量，不适应做"减法"、优存量，更不善于"加减乘除并举"。当前，我国经济发展进入新时期，推动新基建高质量发展，既要做"加乘法"，放大有效供给的叠加效应、共振效应，还要会做"减除法"，节约集约基础设施资源，实现精细化发展。

新基建的精细化发展主要包含三个层面。

（1）精准供给

精准供给，即抓住新基建的全生命周期的各环节，精准发力，及时响应和匹配经济发展的动态需求。

（2）精细管理

精细管理，即聚焦新基建的短板领域、薄弱环节和细微之处，加强细节管理和规范化、标准化建设。

（3）精诚服务

精诚服务，即将"以人为本"作为基准，加强基本公共服务设施建设，重点提升基础设施人性化服务水平。

新基建的精细化，重点在于存量更新。可以通过盘活闲散资源、更新老旧设施、改造低效设施、升级传统设施等方式，实现基础设施从表及里、从量到质的精而专的转变。

3. 融合共享，积极探索发展新路径

随着全球新一轮科技革命的到来，在新一代信息技术的驱动下，跨界融合和资源共享成为培育经济新动能的重要力量。在当前我国经济发展的大环境下，要想推动新基建的高质量发展，就要充分掌握产业变革的趋势，了解融合共享的时代特征，转变以往的基础设施发展思路，打造推动经济增长的新优势和新动能。

具体而言，融合共享应体现在以下方面。

①打破产业边界，用现代前沿科技与手段，促进新基建与关联产业的融合发展。

例如，利用交通、物流、能源、水利、信息等基础设施平台，推动枢纽经济、高铁经济、旅游经济等的高速发展，推动新基建与现代制造业、现代农业、现代服务业的联动发展。

②充分发挥新一代前沿技术的牵引作用，推动新型基础设施与传统基

础设施的融合发展。

例如，将大数据、云计算、3D 打印、人工智能等先进科学技术应用于交通、能源、水利等传统技术设施领域。

③创新要素投入方式，做好新基建网络空间的布局，推进基础设施资源共享、新基建共建和空间共用。

4.改革创新，双轮引领高质量发展

创新驱动和改革开放是现代化经济建设过程中的两个轮子，也是推动经济高质量发展的动力。当前，我国的新基建高质量发展，就应当重点强化科技创新、制度创新、管理创新，深化重点领域和关键环节的改革，以此提升新基建的可持续发展内生动力。

具体来讲，应做到以下两点。

①要加强新基建领域的前瞻性技术研究与创新，加快推动 5G、人工智能、工业互联网、物联网等新基建建设，主动适应未来智慧社会发展的建设需要。在这个过程中，政府需要发挥好监管作用，加强宏观调控和事中事后的监管，同时还要充分发挥市场的主体作用，加快推动新基建业务在各类市场主体中的公平性。

②深化管护体制改革，建立健全的、有利于长期发挥新基建网络效益的体制、机制。

总之，我国提出的新基建是以信息网络为基础、技术创新为驱动的新型新基建建设体系。新基建的建设可以让我国的经济发展从传统经济转向智慧经济，并创造出全新的工业模式和智能化居民生活环境。因此，我们要发展内循环经济，必须加快新基建的建设。

第六章
运行路径：激活中国经济大循环

经济循环分为国内经济循环和国际经济循环两部分。从国内经济循环和国际经济循环发展这两个方面来看，目前我国已经具备了发展内循环经济为主体的基础条件。激活我国国内经济大循环，重点是要找到运行路径。

激活内需

国内着重发展内循环经济，其中一个重要的战略意义就是有效激活内需。

内需是双循环的出发点和落脚点，是开展内循环经济的核心环节。消费，是提升我国内需市场的核心任务，未来要把我国超大规模的市场优势和内需潜力充分激发出来，才能形成一个充满鲜活力量的内需市场。换句话说，内循环经济，需要通过激活内需来实现。

激活内需，需要从多方面入手。

1.充分调动"人口多"的优势

2021年，我国人口总数约为14.1亿，全球人口总数约为76.0亿。中国人口约占世界人口总数的18.6%。显而易见，我国人口众多。很多人认为，人口多不是好事，因为这样人均资源减少，甚至造成资源短缺。但我们也要辩证地看待人口多的问题，其实，这也是我国发展的一个动力。

目前，我国的中等收入阶层有4亿人口。试想一下，如果这4亿中等收入人口每人购买一件家用电器，那么这个销量对于一家家用电器生产商来讲，可以说是一个天文数字。所以，如果能够充分调动人口多的优势，就可以很好地激活我国国内需求。

国计民生的基本点就是消费，而不是生产。如何刺激我国居民消费，盘活我国国内的需求，这是我国发展内循环经济的一个棘手且关键的问题。

我国提倡"内循环"，是想让广大民众参与其中。为此，要想激活内需，需要做好以下几点。

（1）所产即所需

激活内需的最好方法，就是充分发挥市场在资源配置中的作用。如何来实现资源配置呢？答案其实很简单，就是树立一种正确的理念：要做到民众需要什么产品，国内就生产制造什么产品。而且这种满足民众需求的产品，还要符合国际标准。

如何才能得知民众的需求？通过市场调研、生产供给情况调查、销售渠道畅通情况调查、市场行情调查等，可以明确当前我国居民在各领域的真正需求是什么。对于生产制造商而言，生产和销售的产品不再是"盲人摸象"、误打误撞，这将有效提升市场营销力度，不但能够满足国内民众的需求，还能调动其购买的积极性和热情。

（2）国产替代进口

一些民众在海外购买产品，回来后才发现，自己买的是中国制造的产品。这样，我国生产的产品出口到国外，然后被国人买回，拉动的是他国的需求，对我国内需的提升没有任何意义。所以，要想将这些到海外购买产品的民众拉回国内消费市场，重点是要用国产高质量商品替代进出口商品，让民众乐意选择性价比更高的国内制造的产品。

2. 相关政策和制度、营商模式保驾护航

有效激活内需，重点是要制定相关政策、制度、营商模式，拉动内需，引导居民主动消费。复盘历史，我们不难发现，市场能够快速升温、回血，重点在于政策和制度的支持。

（1）消费券促销费

2020 年疫情爆发的前两个月，我国国内商品零售额下降了 20.5%。为了拉动国内消费，许多省市推出了消费券，用以提振疫后消费，主要包括直接发放消费券（包括数字代金券、优惠券）、旅游券，发放补贴等。

例如：为了提升市民的消费热情，浙江省杭州市向居民（包括有户口或当地城镇户籍的居民）发放了 16.8 亿元人民币的数字代金券。每张优惠券面值 50 元，居民可以通过支付宝，以在线或者离线的方式支付其购买商品的费用。

除了杭州，青岛、厦门、合肥等城市也纷纷效仿，这些城市至少发放了 40 亿元的数字代金券。江苏省南京市也向其居民和面临经济困难的居民发放了 3.18 亿元的数字凭证。

在国家经济低迷时期推出消费券，是将消费券作为一种短期刺激国内居民消费的一种工具。消费券的使用范围和使用时限具有可控性。

根据使用范围，可以针对具体行业定向设定（如餐饮券、旅游券等）和非定向设定（如公益消费券、日常消费领域的消费券等）；根据使用对

象的不同，可以分为对所有民众的普惠消费券、针对困难群体的公益性消费券。

限定优惠券的使用时限，可以促使消费者在一定的时限内完成消费行为，从而达到刺激国内消费的目的。

（2）政策拉动内需

政策与消费形成合力，才能有效拉动内需。2020 年，国家为了刺激消费，拉动经济，允许民众在不影响城市文明的前提下，开放地摊经济。

对于很多人而言，地摊经济是一种儿时记忆。如今，一方面为了在一定程度上拉动我国国内经济的需求和发展，增加就业；另一方面，为了通过一种"烟火气息"唤醒我国居民对城市生活的最初记忆，让经济逐渐恢复景气。国家对流动摊贩"松绑"，开放了地摊经济。

自从国家提出重启地摊经济以来，有的地方已经快速落实。成都是我国第一个恢复地摊经济的城市。自从地摊经济重启政策提出之后，短短几天里，成都就按照当地的规范——保证安全，不占用盲道、消防通道，不侵害他人利益，做好防疫、防控和清洁卫生的前提之下，设置了 3.6 万个流动商贩摊位。这一举动为 10 万人解决了就业难题。

截至 2020 年 5 月 22 日，成都官方给出的数据是：全市增加就业岗位 10 万个以上，中心城区的餐饮店铺复功率超过 98%，全市市容和环境卫生秩序总体保持良好。如今，成都成为了地摊经济重启的典型。

地摊经济其实可以分为两种：

第一种是对于已有的街边小店。不用受制于室内空间，可以将生意延伸到路边。在不增加租金支出的情况下，能多做一些生意。这样的做法，对于小微店铺而言，很可能是助力其活下去的"营养剂"。

第二种是对于想做小本生意的人。由于地摊经济的门槛很低，不用承担店铺租金的压力。即便没有多少资本，也可以从支个小摊开始，进行从0到1的尝试。

因此，出台相应的利好政策，不仅是居民就业岗位的重要来源，更是拉动我国内需，使我国的商业活动更具生命力的重要手段。

（3）创新营商模式

营商模式，对于国家经济的发展，也具有十分重要的推动作用。根据当前我国经济发展所处的现状，创新营商模式，可以有效激活内需，加快我国经济的发展。

疫情之后，我国有的地方的书记、市长、县长，起到了带头作用。比如直播带货。在他们的推荐下，民众可以放心购买产品，有效推动了线上消费。

总之，出台和落实各项激活内需的措施，能提升民众的美好预期，能拉动居民的内需，能让经济恢复地更有热度，可以推动内循环经济不断向前发展。

提振消费

做好内循环经济，首先就要培育出一大批有一定消费能力的群体。换句话说，提振消费，是我国实现内循环经济的一个重要路径。

那么如何提振消费呢？

1. 夯实"能消费"的基础，持续扩大就业和增加居民收入

在当前外部经济环境极具变化的大背景下，实施内循环经济，重点在于提高居民的消费能力。居民消费能力的高低完全取决于居民就业和居民收入。多渠道增加居民收入，能快速提升居民的消费能力。

居民日益增长的美好生活需求和不平衡、不充分发展的现实之间存在一定的矛盾，包括城乡间、地区间、产业间、群体间的矛盾，也包括居民需求与居民就业、收入之间的矛盾。

居民消费及其增长源于居民收入的增长。如果居民难以实现就业，就没有稳定的收入来源，也就没有稳定的消费能力。在这个基础上谈扩大消费，简直就是无稽之谈。所以，当务之急就是解决就业问题。有了稳定的工作，就有了稳定的收入。在这个前提下，采取多方面的分配策略和体制改革，可以有效影响居民可支配收入的增长。

具体而言，可以提升居民以下五方面的收入。

（1）提升居民的工资性收入

初次分配中，提高居民工资收入。初次分配是在企业内部完成的，企业根据员工贡献价值的多少来决定员工的收入分配。

例如，在一家制造业企业的生产车间，一个工人每个月工作报酬根据其计件数量的多少来计算。每个月在流水线上生产的产品越多，为企业做出的贡献越大，获得的劳动报酬也就越多。

但如果企业的体制、政策不合理，会导致企业成本过高，这样也会影响到每个员工的工资分配，影响到员工的收入总量。目前，我国存在物流成本居高不下，用电成本、上网成本仍有下降空间的问题。在这种情况下，企业利润势必难以上升，直接影响到企业给员工的分红和奖励。适当降低企业运营成本，可以增加居民的工资收入。

（2）提升居民的财产性收入

居民的财产收入通常来源于两个方面：一是土地市场，二是资本市场。这样来看，提升居民的财产性收入，首先需要稳定市场财产性收入预期、完善分红激励制度、维护中小投资人利益。其次，对于农民来讲，其重要的收入来源就是土地，但土地给他们带来的收入是严重偏低的。只有制定新的土地政策，才能真正改善农民收入低的现状。

（3）提高居民的经营性收入

营商环境的改善有利于小微企业和个体户降低成本，增加经营性收入。在这个基础上，合理放宽管制、适当降税减费，可以提升他们的经营积极性，变相提升收入。

（4）提升居民的可支配收入

在收入维持不变的情况下，如果降低个人所得税，同样也可以起到提升个人可支配收入水平的作用。此外，提高低保金、救济金等支付标准，也可以有效提升居民的可支配收入。

（5）增加居民的福利性收入

政府为居民提供福利，是一项保证居民生存的基本公共服务。政府为每个人提供基本的就业保障、养老保障、生活保障等，如教育、医疗、文化等，在一定程度上减少了居民在教育、医疗等方面的开支，进而提高了他们的实际收入水平。

2. 消除消费的后顾之忧，让居民"敢消费"

据《中国家庭财富指数调查报告》显示：2020 年第一季度，50.2% 的家庭增加储蓄并减少消费；有 40.4% 的家庭维持当前状况基本不变，仅 9.4% 的家庭减少储蓄增加消费。

从这组数据中我们不难看出，居民消费暂时被"冻结"了，居民的绝大多数收入躺在了银行和钱包里。那么该如何让消费者提升消费热情？

（1）消除民众消费的后顾之忧

很多政策、办法、举措相继出台，但真正让居民敢于消费，关键还在于消除居民消费的后顾之忧。具体来讲，消除消费后顾之忧的方法有以下方面。

①消除安全方面的担忧。对消费品安全问题的担忧，是每个人作为消费者都会有的心理。安全问题也是影响民众消费的一个重要因素。所以，要想让消费者没有后顾之忧，最好的办法就是为他们消除安全隐患，让他们大胆消费。

2020 年上半年，受到疫情的影响，很多人为了自身健康，尽量减少外出。即便后来疫情形势好转，但居民的消费热情依然没有提升。不少人担心就餐、聚会、娱乐等场所是否具备防疫条件？会不会导致人流量聚集而出现疫情反弹？显然，对于防控疫情方面，居民心里还是紧绷着一根弦。所以，在当前，要想让居民敢于消费，首先要做的就是做好常态化疫情防控，严防人员过度聚集，避免疫情反弹，消除居民对消费的忧患心理。

②消除物价上涨的担忧。居民在消费的过程中更关心的还是物价是否稳定的问题。如果物价上涨，依然不能有效激活居民的消费热情。这样，发展内循环经济依旧存在很大的困难。

（2）消除居民消费束缚

受国家环境卫生、公共服务、产业配套等方面的影响，居民在消费过程中有所束缚，这降低了居民在消费过程中的自由度、舒适度，影响居民的消费体验。所以，要加大环境卫生、公共服务、产业配套等领域的制度保障，解除居民消费的束缚感，从而使他们更加敢于消费。

3. 创造消费环境，让居民"愿消费"

想要激发居民的消费潜力，就要在促进消费者"愿消费"上下功夫。创造良好的法制营商环境，是让居民"愿消费"的重要措施。

可以从以下两方面落实：

（1）保证产品和服务质量

好的产品和服务才能给居民带来良好的消费体验，这也是他们愿意消费的一个重要因素。

（2）保障居民的消费权益

作为一名消费者，居民应当有充分了解产品相关信息的权利。此外，在消费者购买产品后，要为其提供更加便利的维权渠道，而且要做到维权反应速度快，维权成本低、效果好，这样居民才会乐于购买。

良好的消费环境是需要一整套体系与机制做支撑的。营造智慧化营商环境，可以有效夯实消费者的知情权、选择权、公平交易权等合法权益，居民在消费的过程中自然乐得其所。

科技创新

我国实现经济内循环，一个重要的路径就是科技创新。牢牢抓住科技创新这个不竭动力，才能尽快打通全流程创新链条。以创新创业引领经济内循环。

科技创新，不仅能转化为生产力，还可以赋能各个生产要素，从而提高整个社会的生产力。此外，站在国家角度来讲，科技创新能力越强的国家，在全球分工链条中所处的地位就越高，并能掌握越多的国际话语权。在科技创新基础上实现的内循环经济，才是高质量的内循环经济。

科技创新，重点是要做好以下两方面的工作。

1. 提高金融支持创新的能力

搞科研、搞创新，往往需要一定的金融资本做支撑。这与传统的金融投资是有很大区别的。要想提高科技创新的活力，需要打造更加有利于科技创新的金融生态。

（1）挖掘多层次资本市场

科技创新是提高我国生产力和综合国力的一项重要战略。资本市场中的资金流，可以为科技创新提供很好的支撑，也能够为科技创新企业带来直观的激励。所以，要充分挖掘多层次资本市场，进行资本市场创新，让资本市场承担起为科技创新供氧输血的重任，是我国进一步落实内循环经济的重要举措。

我国当前已经建立了多层次资本市场，如科创板，设置了更具包容性的上市条件、创业板试点注册制，这些让很多高科技企业可以登陆资本市场。此外，很多高科技企业推行了员工持股制，公司一旦上市，将为员工带来十分丰厚的资本回报。利用员工持股制度，可以有效提升员工的创新积极性，更好地激发他们的创新潜力。

创新是引领一个国家发展的第一动力。当前,我国的经济发展正处于由经济高速增长阶段转向经济高质量发展的阶段。科技创新与资本市场相结合,对我国发展内循环经济至关重要。

(2)提高间接融资对科技创新的支持力度

可以出台一些相关政策,用于鼓励科技信贷机构与风投机构形成"投贷"联动模式,共同给予科技创新企业资金扶持。风投机构可以弥补银行在投资价值评估方面、风险筛查方面的短板;信贷机构可以为科技创新企业提供更加持续、稳定的资金支持。

2.营造良好的创新生态

科技创新需要良好的创新生态。激发科技创新的内生驱动力,是一个国家实现经济高质量发展的关键所在。然而,下好科技创新这步棋,重点是要营造良好的创新生态,让创新的才思能够像泉水一样源源不断地涌流出来。

营造良好的创新生态,需要做好以下几点。

(1)培育科技成果转化的"沃土"

当前,我国与世界上其他国家相比,人均专利数量有所上升,但科技成果与市场需求之间脱节现象比较突出,这主要是由产、学、研三个阶段之间的信息不对称造成的,其最终导致科技成果转化并没有带来理想的收益。所以,应当聚焦当前我国民众的实际需求,激发科研人员的创新动力和活力,打通科技成果转化的"最后一公里",培育出更加优秀的科研人员。

(2)保护知识产权

保护知识产权,为我国科技创新提供了很好的制度环境,有助于我国凝聚更多的创新力量，有助于我国创新型国家的建设。

科技创新是我国发展内循环经济的内生动力，已经上升到国家经济发展的战略层面。布局内循环经济，一定要掌握好科技创新这一重要抓手。

构建共享经济平台

我国发展内循环经济，重要的是解决消费与生产之间的问题，而解决这一问题离不开发展共享经济。

什么是共享经济？

共享经济是指个人、组织或企业，通过基于互联网的社会化平台分享闲置实物资源或认知盈余，以低于专业性组织者的边际成本，提供服务并获取收入的经济显现，其本质是以租代买，使资源的支配权以及使用权分离。

用最简单、最直观的方式来讲，共享经济其实就是将自己手中的闲置物品或资源、资金等发布在共享平台上，让有需要的人使用这些闲置资源，使这些闲置资源能够得到更加高效、合理地利用，从而提升资源利用效率和社会效率。

共享经济具备以下特点。

1. 资源要素的快速流动与高效配置

现实世界中，我们的资源拥有量是十分有限的，但是闲置资源和浪费却普遍存在，如闲置汽车、闲置房屋、闲置设备、闲置土地、闲置时间、闲置空间、闲置知识等，这些造成了很大程度上的资源浪费。共享经济就是要将那些海量的、闲置的、分散的资源通过互联网进行整合和利用，加快了资源要素的流动速度，从而让这些资源的价值得到最大限度的发挥，满足消费者日益增长的多样化需求，实现"稀缺但很富足"。

另外，共享经济除了加快资源要素的流动速度之外，也在整合的过程中实现了资源的高效匹配。依托于互联网平台，各行各业中的信息不对称问题得到了解决，一方面资源提供者将闲置资源在互联网平台上透明化、公开化；另一方面消费者可以在该互联网平台上更加清晰地看到哪些是自己需要的资源，从而实现多点对多点的资源匹配，使原本闲置的资源重获价值。

2. 不转让所有权，仅让渡一定期限的使用权

共享经济主要是采用以租代买、以租代售等方式让渡产品或服务的使用权，实现了所有权与使用权的分离，最终实现了资源利用率的最大化。从当前共享经济的发展来看，共享经济正逐渐向更多的领域渗透，越来越多的物品和服务的需求者通过分享平台暂时性地从供给者那里获得一定期限的使用权，相对于购置而言，分享在很大程度上降低了成本，并在完成使用目标后再转移给其所有者。

3. 共享对象是闲置资源而非专业资源

共享经济的关键在于将资源与他人分享，并从中获取一定的回报，但是共享经济所分享的资源，强调的属性是闲置的、业余的资源，而非"专业资源"。因为专业资源本身具有非常鲜明的价值，往往会被人加以重视

和利用，而那些闲置的、业余的资源所蕴含的巨大价值往往会被人们所忽略甚至遗忘。共享经济恰好将那些看似在供给者手中毫无使用意义和价值的商品重新发光发热，并且提升资源的利用率。这也正是共享经济的重要目标。

4. 不求所有，但求所用

共享经济中的"共享"仅仅是将其使用权进行让渡，而非将其所有权也进行转让。这样，对于消费者而言，即便是没有花费更多的资金来购买，也可以达到满足需求的目的；对于供给者来讲，其资源的所有权依然属于自己，因此可以将该闲置资源的使用权进行二度、三度甚至无限次让渡，从而获取无尽的回报。这正是共享经济时代实现闲置资源分享的意义所在。

5. 交易成本趋于零，消费者和供给方实现共赢

共享经济是借助互联网平台来完成交易的，基于互联网免费的特点，共享经济也同样具备几近于零成本的优势。互联网平台可以实现多点对多点的大规模、网状交易，使交易双方能够自动匹配，双方的地位处于对等状态，没有哪一方强迫哪一方的现象，是一种"你情我愿"的合作关系，因此，消费者和供给方之间可以实现共赢。

基于这些特点，分享经济对于发展内循环经济来说，具有一定的推动作用。

在消费层面，人们的收入和支出规模和比例直接决定了他们的消费水平。

共享经济中的零工经济部分是社会服务未来的一种趋势，能够提高每个参与者的收入。

一方面，资源共享可以降低住房支出。在一二线城市，那些中高收入

人群每个月的收入大部分用于还房贷，这部分人群的实际消费能力比较低。通过实施共享经济，推行廉租房和降低商品房空置率，能够大幅降低很多人在住房方面的支出，从而有利于提高他们的消费水平。

另一方面，资源共享可以增加个人收入。据相关机构统计数据显示，世界上每天出行的 10 亿辆汽车中，从早上 9 点到晚上 6 点，至少有 7 亿辆汽车停在车库里，处于闲置状态。这就产生了巨大的资源浪费。对于那些汽车处于闲置状态的车主来说，这个时间可以将自己的汽车放在共享平台上，为那些无力购买汽车且有乘坐汽车出行需求的人提供便利，同时还能为自己赚取一定的汽车使用权共享收入。当民众手中有了足够多的收入时，也便有了用于消费的资金。

在生产层面，国内中小微企业众多，承载了大部分国人的就业。这些中小微企业的普遍特点是：运行成本过高，没有深厚的信息基础，也没有强大的创新技术基础，所以很多中小微企业在运转过程中会出现难以为继的情况。

在共享经济的背景下，共享信息、共享技术，甚至共享工厂、共享员工、共享门店，都成为现实，从根本上降低了中小微企业的运营成本，提升了工作效率。此外，中小微企业还可以把更多的工作放到零工经济当中，让更多有闲置时间的人参与到生产制造当中，为更多的人带来就业机会的同时也提升了生产效益，更好地满足广大居民日益增长的产品需求量。

总而言之，内循环经济就应当解决消费与生产的基本问题。共享经济不但可以降低企业成本，还可以带来更多的就业，达到促进消费的目的。所以，构建共享经济平台、发展共享经济，是促进我国发展内循环经济不可或缺的重要组成部分。

振兴乡村经济

在"以国内大循环为主体、国内国际双循环相互促进的新发展格局"中，内循环经济要想唱主角，无论从供给侧的角度，还是需求侧的角度，都离不开乡村这一要素。

我国的"城乡振兴"作为一项国家战略，已经成为经济发展中不可或缺的关键环节。内循环经济与乡村振兴的碰撞，为构建城乡循环经济带来了新的契机。这一点能更好地激活我国的内循环经济。

具体来讲，为我国内循环经济的加速实现，振兴乡村经济，应当从以下四方面发力。

1. 改革乡村供给结构

在我国倡导内循环经济为主的经济格局下，城乡之间的经济循环亟待被激活。与此同时，乡村供给侧结构的改革也不容拖延，重点需要优化配置生产要素，提高供给质量，以便更好地满足城市的中高端需求。做出这样的改革，可以从根本上解决乡村产业振兴过程中所面临的诸多问题，从而形成基于供给侧端的城乡之间的多元化、平衡的经济循环体系。

2. 抓住招商引资的机会

我国发展以内循环经济为主的新经济格局，可以让很多工厂和车间被引进来，而被引进来的小微企业开办工厂，需要用地。城镇土地太贵，不划算，其就将目光转向相对廉价的农村集体土地租赁。由此可以带来以下两方面的好处。

一方面，小微企业的建成与投入运营会为村民带来就业机会、带来多元化收入来源，有利于促进村民消费。

另一方面，实现农村与商业接轨，能更好地吸引年轻人返乡创业，带动地方经济的发展。同时也可以有效解决以往农村青壮年劳动力外出打工，留在农村的都是孩子、老人的局面。

3. 把握机会，借力发展

俗话说：无农不稳，无粮则乱。一个国家国计民生的发展，重在粮食安全和稳定。这一点任何时候都不能放松。随着社会的发展和时代的进步，城乡差距在逐渐缩小。经济发展，需要注入活水；农村发展，重在源头潜力。随着我国内循环经济的推进，有更多的发展要素会流向农村，包括资金、技术、信息、人力资源等。应当顺势巧借外力，推进农村医疗、养老、教育等社会事业的全面发展，切实加快乡村振兴的步伐。

4. 采取以农业发展为主线的联动发展模式

农村的主要产业为农业，可以带动旅游、畜牧、种植、科技园林、农家餐饮等项目，实现公司＋产业园＋农场＋农户的联动发展模式。这一模式可以鼓励和支持农业的原生态发展，实现农产品与销售公司、产业园、农场的对接，吸纳农户自由入股企业，享受分红；让农民加入企业，保证农民有稳定的经济收入，真正让农民的腰包鼓起来；引导资金充裕的农户参与稳定的金融理财投资，让农民的钱活起来。

总之，农村有资源、有空间、有利好政策，对农村经济振兴有极佳的发展机遇。在这个时候，谁赢得先机，谁就站在了新一轮农村发展的制高点上。农民收入增加，消费水平自然会有所提升，乡村经济内循环也就达到了事半功倍的效果。

第二篇

商机魅力

大变局中寻找新的发展机会

第七章
战略规划：企业迎接新经济格局时代的战略部署

从当前国际环境来看，世界百年未有之大变局持续深化，新一轮科技与产业革命的持续拓展，再加上全球疫情的影响，我国的产业链、供应链的安全和地位受到了较大的影响和挑战。构建"以国内大循环为主体、国内国际双循环相互促进的新发展格局"，是我国应对这种影响和挑战的最好选择。在这个关键时刻，国内企业需要做好新经济格局时代的战略部署。

"先人一步抢占核心" 战略

2020 年以来，全球疫情爆发，对人类健康产生了巨大影响，也给全球经济发展带来了巨大冲击。在这个关键时刻，国家提出以发展国内大循环为主的新经济发展格局，这为深受这场经济冲击的企业带来了一线生机。

成为一山的大王，必定有过硬的本领和让人臣服之处；成为一领域的强者，必定有别人难以超越的技术和能力。在我国以发展内循环经济为主的新时期下，企业要想生存，要想发展先人一步，首先就需要为自己未来要走的路制订切实可行的方案。然后，根据这个方案，有的放矢、步步为营。

具体来讲，制定"先人一步抢占核心"的战略，分为两步走。

1. 抢占关键核心技术

科技是第一生产力。对于一个国家的经济来讲，科技要素同样非常重要。我国的经济发展成就一再证明：科技创新具有十分重要的价值。

从与民生日常关系更为密切的消费层面来看，科技创新驱动品质提升，开发更多符合群众期待与需求的新奇产品，是提升大众消费意愿的重要推动力。

然而，每一次更新和提升，都源自科技创新。科技创新是内循环经济发展路上必需的源头活水。

中华人民共和国成立 70 多年来，特别是改革开放以来，我们一直坚持走中国特色社会主义道路，坚定实施创新驱动发展战略。我国的科技一直坚持独立自主、抢抓机遇、不断开拓。科技创新成果的不断涌现，是提升我国整体竞争力的关键。但同时我们也要看到，我国目前在技术创新方面，特别在关键核心技术方面存在短板。这很有可能会成为掣肘我国经济高质量发展的风险因素。这时候，更需要科技创新之力来扭转乾坤。这也为那些正处于这个以国内大循环为主的新格局时代的企业带来了巨大的发展契机。

关键核心技术是要不来、买不来、讨不来的，需要靠自身的努力来实现。掌握了关键核心技术，对于企业来讲，就掌握了市场话语权。任何产品都离不开技术创新的"最后一公里"。谁在这"最后一公里"跑得快、跑得好，谁就是市场的赢家。

2. 抢占核心地位

首先，使消费者在使用产品时，得到与众不同的消费体验，同时树立差异化品牌形象。这样，产品才能在广大消费者心中占据核心地位。

其次，转变营销管理理念，摒弃单一的产品营销理念，转为综合营销，不仅要靠自己生产出来的产品吸引消费者，还需要为消费者做好售前、售中、售后服务，让消费者有更好的消费体验，能够有效提升复购率。

最后，顺应时代，改变营销模式。如今，互联网、移动互联网，特别是 5G 网络的发展和商用的普及，再加上各种创新营销工具的出现，各类全新的营销模式成为当前市场营销中的主流。如直播带货、短视频带货等，深受广大青年用户的青睐，同时也吸引广大中老年用户跟随潮流，走全新的线上购物路线，满足日常生活需求。

企业只要把营销工作做到了广大消费者的心坎里，自然能够赢得消费者的芳心，让自己赚得盆满钵满。

企业在当前的经济发展态势下，要主动作为，积极谋划"内循环"发展新思路。同时要开发新技术、新产品，抓好当前的机遇，做好准备迎接"内循环为主"的新经济时代。

"以中国市场为核心"战略

国家推行"以国内大循环为主体、国内国际双循环相互促进的新发展格局"，意味着重点发展方向转向国内，内循环与外循环相互促进，从而奠定我国在世界经济中的重要地位。

在当前的经济发展新格局下，有很多企业对自身发展前景感到迷茫，与此同时还存在不少关键性问题亟待解决。比如，内循环经济究竟能给企业带来什么？当下国家的内循环经济战略下，作为从事外贸生意的企业是否需要将自己的战场拉回到国内？在国内土生土长的企业是否还需要走出去，将业务延伸到国外？在下游企业外迁时，上游供应链企业是否要继续配套，甚至跟随下游企业外迁到国外？诸如此类尖端而又值得深入思考的问题还有很多。

针对这一系列疑问，一个最中肯的观点就是，企业应当在当前国内国际两个大循环相互促进发展的大形势下，追逐"国内大循环"的同时，采取"以中国市场为核心"的发展战略。主要原因有以下两个方面。

原因一：中国企业诞生于中国，成长于中国，大家的语言和习惯相同或相近，使其本身在与中国客户交流上具有先天优势。中国市场规模巨大，完全可以在中国市场中小规模打造样板企业，然后全力复制，进军全球市场。

原因二：中国市场目前在全球市场中占有很大比例。中国为广大企业提供了一个稳定、安全的市场环境，国内企业在国内发展，有助于提升企业的抗风险能力，增强企业的可持续发展能力。所以，在双循环当中，企业应当以"国内大循环"为主，以"国际大循环"为辅。

我国企业进入经济内循环，采取"以中国市场为核心"的战略，并不是一句口号，而是需要用实际行动去迎合内循环经济为主体的新经济发展格局。

1. 注重高性价比产品路线

随着大数据、云计算、物联网、人工智能等前沿科技的不断发展并进入全面商用阶段，国内市场数字化将成为一种趋势。数字化时代，任何一门生意都会因为数字化而引发一场巨大的变革。这一点是有很多实例来佐证的。比如华为科技有限公司（简称华为），作为一家典型的本土企业，致力于为全球提供领先的信息与通信技术解决方案，就是率先在国内不断做强做大，然后勇敢地参与到国际市场当中，实现业务"出海"的。

虽然当前中国在出口方面遇到了一些挑战，但国家依旧注重外贸出口，而且目前的十大贸易伙伴中，与其中八个国家的合作中，经济呈现增长状态。这也就意味着，全球还有很大的市场空间，还存在很大的市场需求。这也就为中国的高性价比产品进入全球市场提供了良好的机会。

2. 基于市场和消费者需求进行产品创新

一个具有敏锐市场洞察力的企业，需要在全面解读和思考政府政策方针的基础上，探索自身的发展机会。甚至要学会站在市场需求和消费者需求的立场上，选择正确的市场发展方向，研究所有可能存在的商业机会。

科沃斯在 2020 年发布的 T8 系列产品是行业首款采用航空级 dToF 导航技术的扫地机器人。在产品的建图效率和导航精准度方面，这一技术的应用使这款高端扫地机器人产品在上市后受到了行业和消费者的双重好评。根据官方公布的"6·18"数据显示："整个 T8 家族，在'6·18'期间，总成交量超过 60000 台。"作为一款高端扫地机器人，在购物节首次亮相就能收获如此高的销量，并赢得超过亿元的销售额，也印证了市场对于产品的认可。

3. 注重运用发散思维和逆向思维

政府所推动的方向可以借鉴，但企业家自己一定要学会独立思考。在市场机会上，不一定局限于某一个单一的市场，不一定局限于某一个单一的销售渠道，也不一定局限于某一个单一的用户群。在研究市场机会上必须学会逆向思考。

其实，任何市场机会的把握都不是一蹴而就的。企业必须做充分的准备。当前，全球经济发展处于低迷的现状不是一成不变的，市场发展的规律有天然的调整机制。虽然我国的品牌产品在世界经济市场中遇到阻碍，但国内消费潜力巨大，如果企业善于发现和挖掘、善于运营与营销，同样可以成为行业、地区的冠军企业。

"九内"运营战略

我国推出以内循环经济为主的发展战略，是当前时代背景下的一个机遇。大道至简，在这个时候，我国的企业要乘着这股"新风"，顺势而为，绝不可逆势而行。

企业是市场的产物，市场由消费者决定。如果企业失去了消费者，也就意味着失去了市场。失去了市场的企业也就难以存活。所以，无论企业的规模有多大，实力有多雄厚，在任何时候都不要与市场相抗衡。这个规律，无论在过去、现在，还是在未来，都是如此。

在我国启动以国内大循环为主体的新经济战略之际，企业该如何做好顺势而为的准备呢？共有九个方面，概括起来，可以称之为"九内"运营战略。

1. 内部市场

在我国以内循环经济为主体的经济背景下，以往那些大量出口型企业的市场，需要将海外市场转向国内。国内市场竞争将会变得更加激烈，竞争的方法和手段也将更加丰富多彩。

2. 内部研发

当前，我国在关键核心技术方面还比较欠缺，有的产品和技术是依靠国外提供技术支持才得以发展的。这样，我国在产品和科技方面缺乏一定的创新能力。

国内企业要想走出以往那种受制于人的局面，就要走自主自强的研发之路。这条路虽然会走得艰辛，但可以很好地避免自己的大厦建在别人的针尖之上。华为在走出研发困境、实现技术突破方面的实践就是活生生的例子。

早期的华为是没有自己的产品和技术的，但经过多年的不懈努力，华为拥有了自主研发的产品和技术。直到现在，华为能够为全球提供国际水准的通信产品数不胜数，拥有的专利数量总数超过七万项。

华为在产品和技术方面是如何实现创新的呢？

在技术创新方面，华为作为一家通信企业，一直从事通信、智能手机方面的技术研究，还在人工智能技术上有所布局。如今，华为在全球技术领域中，已经涉及多项技术的研发与创新，包括芯片技术、高端服务器技术、高端存储技术、石墨技术、太阳能光伏逆变器技术等。除此以外，华为在移动通信技术方面也跻身世界先进行列，尤其是当前5G技术的研发和应用，已经在全球范围内居领先者地位。这些都是华为多年来的技术创新成果。

在产品创新方面，让人意想不到的是，2019年第一季度，华为在全球的手机销量竟然超过苹果。在叹息华为能够如此神速赶超苹果这样的竞争对手的同时，不得不让人感慨华为的产品创新速度。华为手机在同行业的创新是有目共睹的，除了最新的远距离大变焦拍摄之外，手机的外观设计、快充设计、电池续航、游戏性能、Wi-Fi以及蓝牙等都有自己的世界性创新领先之处。因为产品的创新，使华为手机能够快速引爆市场，并能在全球市场竞争中越战越勇。这也正是华为能够以如此快的速度站稳市场，并成为一个被用户认可的高端手机品牌的原因。

唯有做好产品和技术的研发和创新，企业才能成为市场中的领先者，甚至是领导者。

3. 内部生产

既然重点发展内循环经济，就意味着一切生产、分配、流通、消费的过程都在国内进行。对于企业而言，同样需要做好内部生产，即将生产转向国内。这是当前企业不得不考虑和面对的问题。

4. 内部结构

传统企业的人力资源在吸纳和引进人才时，往往采用的是聘用制。在内循环经济之下，面对市场竞争加剧与全面创业浪潮的兴起，企业必须根据自己的实际情况，对自身的内部组织结构进行调整和优化，选择性地从雇佣制转为合伙制或平台制，激发内部人才的积极性，为企业创造更多的财富和价值。

5. 内部生态

麻雀虽小，五脏俱全。无论是一个国家，还是一个单独的企业，其发展都由自己生生不息的内部生态来推动，而且其内部生态会形成一种内部生命共同体。对于企业而言，在这个共同体内，从研发到生产、仓储、销售、运输等，每个环节都不可或缺，构成了一个完整的、有效的生态链。此时，企业即便没有外部力量的支持，同样能够不断向前发展。

6. 内部挖潜

与国外跨国企业相比，很多中国企业在整体运营以及内部效率方面还是存在一定的差距的。为了减少差距，提升企业的运营能力、内部效率，企业就要从内部挖掘自身的生产潜力、运营潜力、服务潜力。

7. 内部升级

以往，我国很多企业的工业化升级、智能化升级、信息化升级都是依靠外部资源来实现。在内循环经济之下，失去了外部依赖之后，这些企业内部的各项升级工作，都需要在国内市场的竞争和压力下，通过自力更生和自我努力，完成生产升级、流通升级、消费升级、产业链升级等。

8. 内在价值外化

价值分为内在价值和外在价值。内在价值，是某件事物本身所具有的价值。外在价值，即非内在价值。

企业的内在价值，即企业自身所具有的价值，它是由企业内在的品质所决定的。企业的内在价值是决定企业市场价值的重要因素。

当前，我国的大多数企业将自身置于一种成本竞争的格局当中，频频打价格战，却在一定程度上忽视了产品品质。发展内循环经济，国内企业之间的竞争将进一步加剧。在接下来的市场发展过程中，消费者更加希望在购买产品时，能够感受到更多的消费便利性、高效性；在选择产品时，能够感受到更多的产品多元化。企业要想迎合消费者的这种消费需求，就需要不断提升自身产品和服务的内在价值，完成从产品到品牌的价值构建，这样才能在更加激烈的市场竞争中取胜。

9. 内部人才培养

人才是第一资源，是推动科技发展、社会进步的重要力量。对于一个国家来讲，必须拥有自己的"大国重器"，培养自己的"大国人才"，才能让整个国家在人才力量的推动下走得更快、走得更远。

我国实行以国内大循环为主的经济发展模式，关键在于畅通人才流通。只有人才流动畅通无阻，人才资源才能得到合理的配置。

以往，企业缺乏合适的人才，往往斥巨资聘用"海归"。但这种方式成本过高。

如今，国内企业需要顺势而为，完善人才培养体系，在企业内部加大人才培养力度，尤其是加快集成电路、人工智能、高端装备制造等领域科研人才的培养，实现企业内部人才供给和发展需求的精准匹配。

做好以上九个方面，对于企业来讲并非易事。但如果企业能将这个"九内"增长战略实施好，定会让自身在所处领域占据有利位置。

"出口产品转内销"战略

由于疫情的影响，全球经济处于低迷状态。我国在疫情得到基本控制之后，复产复工，各项生产活动重新启动。但由于很多海外国家的疫情依然肆虐，民众还没有恢复到正常的生活和工作当中，收入减少，囊中羞涩。这使我国出口受阻，订单下滑，外贸生意难见起色。对于做出口生意的企业来讲，现阶段非常难熬。

国家提出双循环经济战略，主要是希望通过国内外企业的支持，开发中国经济的潜力。强调以国内大循环为主体，其重要任务，一是扩大内需，二是出口转内销，以此提速我国内循环经济的实现。

对于国内制造商来讲，采取出口转内销策略，与内循环经济发展举措相呼应。具体来讲，国内制造商该如何实施出口转内销战略呢？

1. 全面实施内外销产品同线同标同质

一般来说，出口产品和内销产品之间，除了企业资质不同之外，还存在一个很重要的差异点，就是标准和质量的不同。而且不同的国家对标准和质量也有不同的要求。

以一支小小的牙刷为例。在欧美市场，消费者偏好刷头较大、刷毛较硬的牙刷；国内消费者则更加喜欢柔软、精致的牙刷。

再以服装为例。国外民众与国内民众在身材、体形上有差异，所以国外的服装标准码数普遍比国内的服装码数大。

以往，外销产品对应的是国外的标准与要求。如今，产品转入国内市场，就必须依照国内产品的质量和安全标准来生产。

事实上，这一点国家市场监督管理总局也做过相关表态，即在同一生产企业，按照相同标准、相同质量（简称"三同"）要求生产出既能出口，又可以内销的产品，帮助企业降低成本，实现内外销转型。在食品、农产品、一般消费品、工业品领域，支持适销对路的出口产品拓展国内市场，全面促进"三同"发展。

这样做有两个好处：一是拯救以往过度依赖外销、过度依赖国外市场的企业；二是提速内循环经济的发展。

2. 增加国内市场权重

当前，经济发展形势依旧复杂严峻，不稳定性、不确定性依旧较大。国家提出"加快构建以国内大循环为主体、国内国际双循环相互促进的新发展格局"。同时，还提出"坚持以供给侧结构性改革为主线，坚持深化改革开放，牢牢把握扩大内需"这个战略基点，以达到保护和激发市场主体活力的目的。这两点结合起来，其实就是一句话：在继续扩大开放和改革的大背景下，同时打通国内消费市场，增加国内市场的权重。

作为一个依赖出口来发展的企业，同样需要将自己的重点工作放在

"打通国内消费市场，增加国内市场权重"上。而增加国内市场权重的首要任务就是增加销售渠道。

（1）进行差异化投放

国内外的销售渠道是存在一定的差异性的。所以企业在增加销售渠道的时候，一定要根据销售端的实际情况，就不同的渠道适当增加产品投放量，以达到国内市场权重最大化的目的。

以吸尘器为例。国外线上线下销售的比例为2∶8，而在国内线上线下销售比例为9∶1。所以，要针对这个市场特点，调整和改变产品投放策略和思路，将产品进行适当、合理、科学投放。

（2）选择内陆交通枢纽型城市投放

我国内陆交通枢纽城市，如北京、上海、广州三大门户，除此以外，还包括九省通衢的武汉、中原重镇郑州、西南翘楚成都、西北第一城西安、东北中心沈阳等。在这些城市投放产品，必定能大幅开拓销售渠道。

（3）选择区域性消费中心城市投放

从2019年各个城市的社会消费品零售总额数据来看，称得上区域性消费中心城市的有：北京、上海、广州、重庆、成都、武汉、深圳、杭州、南京、苏州、天津、青岛等。企业可以选择将这些城市作为产品的重点投放区域，以此促进本企业在国内消费市场的发展。

从短期发展来看，企业出口转内销，竞争效应大于合作效应，所以企业在国内市场的扩张还需要有配套政府政策来实现；从长远来看，企业出口转内销，为国内消费者带来了多元化的选择，打造具有国际竞争力的优势产品，能在国内形成新的增长动力。

"全国统一大市场"战略

2022年4月，我国对外公布了一个重要文件——《中共中央　国务院关于加快建设全国统一大市场的意见》（以下简称《意见》）。

《意见》明确指出："打破地方保护和市场分割，打通制约经济循环的关键堵点，促进商品要素资源在更大范围内畅通流动，加快建设高效规范、公平竞争、充分开放的全国统一大市场，全面推动我国市场由大到强转变，为建设高标准市场体系、构建高水平社会主义市场经济体制提供坚强支撑。"

在国家提出"以国内大循环为主体，国内国际双循环相互促进"的新发展格局下，以往的外向型经济结构向内向型转变，这是经济发展的大势所趋，更是对我国经济发展战略做出的一次重要调整。

"建设全国统一大市场"战略的目的是打通国内大循环，为未来内需增长扫清障碍，推动中国经济由大变强。对于企业来讲，就是使竞争力强的企业变得更强，让混日子的企业加速被淘汰。

国家提出的"建设全国统一大市场"战略，对于企业来讲，其若不做任何改变，将会无路可走。根据《意见》中提出的相关要点，建议企业做出以下自我优化。

1. 自我创新

"建设全国统一大市场"战略下，推进创新显得尤为重要。《意见》中提出"促进商品要素资源在更大范围内畅通流动"，这就要求国内企业首先要根据市场需求，在产品和服务方面做好自我创新。因为只有满足了消费者的消费需求，企业才能在市场中受到青睐，快速占领市场，成为行业中的佼佼者。除此以外，企业还应当让持续的技术创新和商业模式创新变为自己的核心竞争力。

企业创新，任何时候都无法缺席。有创新，才有市场。尤其在国家的"建设全国统一大市场"战略下，创新成为企业变大、变强的重中之重。

2. 自我转型

国家出台"建设全国统一大市场"战略，就是为了建设高水平社会主义市场经济体制。推动数字经济、智能制造发展，推动产业结构转型升级，则成为企业迎合国家"建设全国统一大市场"战略中建设高水平社会主义市场经济体制的有效渠道。

企业作为市场的微观主体，在国家发展"以国内大循环为主体，国内国际双循环相互促进"的大背景下，要想更好地拥抱"建设全国统一大市场"战略，企业就要立足于国内市场，拥抱数字化转型。

3. 自我资源配置

"加速建设高效规范、公平竞争、充分开放的全国统一大市场""建设全国统一大市场"战略的根本要点。从产业层面上来讲，企业要想快速融入这个"高效规范、公平竞争、充分开放"的大市场，就需要优化自身结构，做好自我资源配置，将创新活力激发出来，以此提升自身乃至整个产业的运行效率。

在双循环经济下，企业应当保持谨慎、乐观的态度，积极按照国家出台的相关政策调整自己的策略和方向，内外兼修，做大做强。

第八章
慧眼识金：内循环经济背后蕴含的掘金新逻辑

在目前特殊而复杂的国际经济大环境下，我国强调重点发展内循环经济，引起了各领域的关注。企业只有找到内循环经济背后蕴含的掘金逻辑，才能顺应内循环经济潮流，进而抓准内循环经济下的全新赛道，更好地把握布局侧重点。

消费内循环：构建新消费格局与体系

消费在我国经济增长中犹如"定海神针"，发挥着巨大的推动作用。

当前，我国消费市场的现状是：

一方面，我国拥有着 14 亿人口。其中有超过 4 亿人为中等收入群体，消费需求纷繁多样，而且始终处在动态规模扩张和品质升级过程之中，国内需求潜力巨大，这也是我国能够扩大消费的潜力所在。

另一方面，当前的供给无法满足消费需求，只有加速解决供给与消费不匹配的问题，才能把消费真正转化为经济增长的动力。

在国家提出的以内循环为主体、国内国际双循环相互促进的新发展格局下，消费成为经济循环以及夯实经济抗压能力的动力。当前，国家倡导发展内循环经济，其实就是要扩大内需。而扩大内需的目的，就是促进消费。而促进消费可以从以下两个方面入手。

1. 构建新消费格局

消费其实与产品永远形影不离，用于消费的产品可以分为必需品、刚需品和消费品。

拿房子来说。很多人喜欢把钱花在买房上。购买的房子除居住属性之外，现在更让人着迷的是其具有的金融属性。房子的投资价值深入人心，很少有人会把它当作消费品。有地方住，这是每个人最需要有保障的东西。房子作为居住必需品，还兼具了投资属性。

"房住不炒"是国家明确提出的调控基调，目的是让广大居民将目光更多地转向其他领域的消费，而不是把大部分资金都投向住房。这其实是对居民消费方向的一个重要调控举措，同时也是改变消费习惯的重要策略。所以，发展内循环经济，重点在于构建新的消费格局。

2. 构建新消费体系

随着人们收入水平的不断提高，其消费需求也在不断增长。在这样的趋势下，扩充消费品类，引导消费方式升级，建立全新的消费体系至关重要。

全新的消费体系应当包括：

第一，加快拓展定制消费、智能消费、体验消费等新兴消费领域，建设智慧商店、智慧街区、智慧商圈，增加健康、养老、医疗、文化、教育以及安全等领域消费的有效供给。同时，还需要发展网络购物和电商直播、短视频购物的新兴消费，促进传统销售和服务由线下转向线上，进而实现转型升级。

第二，深挖消费需求潜力，从供给侧发力，进一步激发市场活力和社会创造力，提高供给体系的质量和效率；积极顺应居民需求的新变化，培育中高端消费市场，建立更加成熟的消费细分市场；加大在新兴消费和高品质消费领域的投资力度，全面营造良好的消费环境，不断提升居民消费能力，形成供给结构优化和总需求适度扩大的良性循环。

第三，在新的消费体系中，消费者可以直接参与到产品生产、技术创新环节，从原来的被动接受产品转变为主动参与设计产品，打破传统的单向消费模式。

当前，很多行业中诞生了"体验师"这样的角色，他们的体验感受对于产品和服务的创新提供了决策性参考。对于这一点，小米（小米科技有限责任公司，简称小米）可以说是颇具代表性。

小米是我国的一家互联网公司，非常注重用户参与产品设计。小米的粉丝已经成为小米的产品经理，有粉丝参与，才能保证小米能够有更多符合消费者需求的创新产品。

具体来讲，就是小米会根据"米粉"的意见改进产品，然后根据用户对新功能体验投票的结果确定做得好的项目。如此一来，用户体验和反馈的价值就被最大限度地表现了出来，小米也因此生产出最符合粉丝需求的产品。

另外，小米的用户群体以及"米粉"都是一群年轻、时尚、充满活力的人。因此，对于小米产品来说也势必要求其外观设计时尚前卫，使用功能更加适合年轻人的使用习惯和爱好。与此同时，年轻人对于新事物的接受能力非常高，并且其创新能力也是非常强的，这样对小米产品也具有非常好的改进作用。

小米的产品设计可以说是"取之于民，用之于民"，能够获得更多消费者的青睐。

总而言之，从长远来看，构建新消费格局和体系，有利于我国从生产主导型经济向内需主导型经济转变。这也是我国发展内循环经济的一条重要投资逻辑。

制造内循环：走高端定制路线

实现内循环经济，实际上就是科技创新、生产制造和消费市场都在国内，这三者之间形成一个良性循环的闭环。生产制造是内循环经济的一个核心组成部分，可以说内循环成功与否，关键还在于制造业。

具体而言，制造业要想顺应内循环经济，就要做好"三条腿"走路的准备。

1. 弥补短板，走高端化路线

我国的制造业本身就有某种"内循环"的基因。我国具有完备的制造业体系，有完整的产业链，有联合国产业分类目录中的所有工业门类，包括 41 个工业大类、207 个工业中类、666 个工业小类，其中有 220 种工业产品产值位居世界第一。超大的市场规模、完整的工业体系和完备的基础设施，让我国发展内循环经济拥有了足够强的底气。

但在发展过程中，我国的制造业也存在一定的短板，这些短板的加速升级，正是当前的机遇所在。

中国工程院对我国 26 类具有代表性的制造产业进行国际比较分析，结果显示：我国与世界差距较大的产业有 10 类，分别是飞机、航空机载设备及系统、高档数控机床与基础制造装备、机器人、高技术船舶与海洋工程装备、节能汽车、高性能医疗器械、新材料、生物医药、食品。与世界差距巨大的产业有 5 类，分别为集成电路及专用设备、操作系统与工业软件、智能制造核心信息设备、航空发动机、农业装备。

从这些短板中我们可以看出，我国的某些制造业与世界先进水平存在一定差距，而且这些差距的关键环节都处于产业链的上游。实施内循环经济的战略，我国制造业必然会向着转型升级、产业链上端的方向加速前行。

对于制造业企业来讲，应当借着我国发展内循环经济这股东风，抓紧国家战略扶持的机会，重塑产业链，开展自动化、信息化、智能化、高端化的转型和升级。除此之外，还应当重点关注军工、新能源、芯片、高端装备制造等对外依存度高的制造领域。

在当前国家发展内循环经济之际，谁能够抢占"内循环"上游的先机，谁就能在市场中站稳脚跟，得到长足发展。

2. 从群体生产到个体定制转型

生产制造前面承接着科技创新，后面连接着消费市场。消费市场需要什么，制造业就要生产制造什么，以满足市场需求。这非常有利于推动内循环经济的快速实现。当前，消费者越来越注重个性化体验，由此产生了个性化需求。在这种情况下，就出现了以"个体"为主导的大规模个性化定制生产模式。与此同时，全球竞争形式的特征已经基本形成，具有了精益生产、周期缩短、层次扁平化、高端定制化、柔性制造、区域经营、即时生产等特征。个性化定制生产模式恰好具有能够缩短产品生命周期、满足细分需求的优势，并且可以提高产品质量、降低产品成本、增加产品品种。

与传统的以群体为主导的大规模批量生产相比，以个体为主导的大规模个性化定制生产模式的特点是：

（1）以个体客户需求为导向

传统的大规模群体生产方式是一种毫无目的的、先生产后销售的方式，对于消费者的需求量毫不知情，只能预测，因此这种没有计划性的大规模群体生产模式是一种推动型生产模式；以个体为主导的大规模个性化定制生产，是以消费者需求为起点的按需生产模式。因此，以个体为主导的大规模个性化定制生产是一种需求拉动型生产模式。

（2）以模块设计、零部件标准化、通用化为基础

个性化定制的生产思想是通过对产品结构和制造过程的重组形成产品的批量生产。产品的模块化设计、零部件标准化和通用化，能够使企业大规模地生产产品零部件和模块，从而具有减少产品生产时间、缩短产品交付时间、减少产品生产成本的优势。

（3）以现代信息技术和柔性制造技术为支持

以"个体"为主导的大规模个性化定制，是生产模式具有对客户需求做出快速反应的能力，它是以现代信息技术保障为前提的。在互联网技术和电子商务迅速发展的时代，企业能够利用这两个技术快速获取客户的订单信息；计算机辅助设计系统的使用，可以帮助企业根据在线订单快速设计客户需求的产品；柔性制造系统，可以帮助企业生产制造出高质量的定制产品。

3. 从生产型制造到服务型制造升级

一方面，由于现代技术的普遍提高，各个制造业在生产产品的技术上旗鼓相当，没有太大的差异。因此，生产出的产品功能、外观方面都没有太大的差距。另一方面，随着技术的不断进步以及社会的不断发展，市场消费能力逐渐加快，带来了需求的多样化和个性化，并且在产品技术和功能越来越复杂的情况下，消费者对服务提出了新的需求，即消费者在购买质量过硬的产品的同时，更加希望能够获得更好水平的服务或者整体解决方案。

因此，"拼产品""拼质量"已经不再是竞争的焦点，而服务标准高、品质好成为了实现差异化最为有利的武器，是提升客户满意度的重要途径。这对制造业提出了更高的要求：不仅要注重产品本身的品质，还需要注重产品的功能和服务。制造业由"生产型"向"服务型"转变是对全新市场需求的迎合，也是一种创新。从卖产品向卖产品服务的转变，可以让消费者和制造业实现双赢。这种新业态、新模式，有利于促进我国经济的快速增长，是拉动内需的关键。

科技内循环：大力推动科技创新

人类发展史，其实是一次次科学和技术的变革史，其促进了人类生产、生活方式的巨大变革。

18 世纪，蒸汽机和机械动力的出现，带来了第一轮工业革命。从此机械生产取代了最原始的手工劳动，使当时经济社会从农业、手工业为基础向工业、机械制造业转型，从而带动经济发展呈现出新模式。

19 世纪，电力的广泛应用促进了生产流水线的出现，带来了第二次工业革命。制造业在劳动力分工的基础上采用电力来进行大规模生产，加之零部件生产与产品装配的分离得以成功实现，因此出现了产品批量生产的高效新模式。

20 世纪，电子计算机技术的迅猛发展实现了第三次工业革命。人类作业已经逐步被机器所取代，使部分体力劳动和脑力劳动由机器来完成。

进入 21 世纪，新一轮科技革命出现，伴随着互联网、大数据、云计算、人工智能、5G 等前沿技术的相继出现，我国的科技创新已经渗透到经济社会的方方面面。

从科技革命和产业革命发展的历史进程来看，科技创新一直都是产业革命的核心驱动力。科技创新可以直接转化为生产力，进而提升社会的整体生产力水平。

一个国家的科技创新能力越强，其在世界产业分工链条中所处的地位就会越高，进而能够激发更多的新兴产业，掌握更多的国际话语权，成为全球经济发展的"领头羊"。

我国提出内循环经济时，着重强调科技创新。在以内循环为主体、国内国际双循环相互促进的新经济格局下，科技创新是发展内循环经济的核心驱动力。

我国如何在技术领域实现突破，在技术环节采取内循环经济模式？这是当下必须解决的问题。

中华人民共和国工业和信息化部（简称国家工信部）对全国30多家大型企业、130多种关键基础材料的调研显示：32%的关键材料在中国仍为空白，52%依赖进口；绝大多数计算机和服务器通用处理器95%的高端专用芯片，70%以上的智能终端处理器及绝大多数存储芯片依赖进口。还有高档数控机床、高档设备仪器等关键件精加工生产线上逾95%的制造及检测设备依赖进口。

基于以上这些短板，我国启动内循环经济要依靠科技驱动，才能实现经济的高质量内循环。在内循环经济格局下，科技创新领域的布局，主要方向在于数字基础设施方面。

1.5G

5G是数字基础建设之首，具有促进融合创新的作用。5G虽然当前正处于商用的初级阶段，但人们对5G的青睐程度却一路高涨。无论投资者还是创业者，都希望自己能够搭上5G这趟顺风车，给自己带来更多的赚钱机会和提升综合实力的机会。

自2019年6月5G牌照发放以来，我国5G基站进入大规模建设期。

5G在信息基础建设中弹性最大。作为通信基础设施，5G可以与大数据、云计算、人工智能、工业互联网等数字科技相融合，赋能千行百业。可以说，5G是连接新基建各领域的"高速公路"。

5G各领域的应用可谓百花齐放，带动了行业数字化转型和科技消费内循环。5G在应用时，体现出低延时、广连接、高可靠性、低功耗的特点。5G不但在高清视频、物联网、云计算、云VR、云游戏、全景直播等领域有很大的市场空间，而且在智慧医疗、智慧教育、智慧工厂等领域大有作为，可满足广大民众科技消费需求，实现科技消费的内循环。

2. 人工智能

人工智能作为一项前沿科技，已经不是一个新词汇。早在1956年举行的一场"人工智能夏季研讨会"中就已经被提出。时至今日，已经有60多年的发展历史。在这些年里，人工智能经历了三次浪潮。前两次浪潮中，由于技术未能实现突破性进展，人工智能并未得到预期的应用效果。随着信息技术的进一步发展以及互联网的全面普及，人工智能迎来了第三次成长。

如今，在算法、算力、数据、政策四方面的驱动下，人工智能迎来了高光时刻。人工智能产业作为新基建中的技术基础设施，有望实现对社会各行各业的底层技术赋能，从而助力社会实现"智能+"。人工智能犹如春天最引人瞩目的一缕光，照亮了经济、社会和人们的生活，给整个人类社会的发展注入了新的活力。尤其是传统行业，更是搭载人工智能的春风，向人工智能领域挺进，推动人工智能迎来了产业爆发期。制造业、医疗行业、教育行业等，在人工智能的加持下，如沐春风。人工智能为产业链上处于下游的企业提供了良好的发展环境，并为相关企业带来值得期待的成长空间。更重要的是，在各领域赋能"智能化"后，有效拉动了民众在各领域的消费。

3. 大数据中心

大数据中心为算力、基础设施提供支撑。算力是设备根据内部状态的改变，每秒可以处理的数据量。其主要载体有"端""云""网"三种形式。所谓的"端"，现在有很多，如汽车、手机、可穿戴设备、机器人等，都是很好的终端；所谓的"云"，即服务器、数据中心；所谓的"网"，即互联网、物联网、电网。这些技术的实现都需要数据流。而人们在生产、生活中会产生大规模数据。

有了这些数据，再加上承载数据的载体，人们的吃、穿、住、行、医、教育、工作和交际都会发生翻天覆地的变化。

大数据赋能一件产品，使产品不但具有了基本的使用功能，而且体现出智能化的一面。以一个水杯为例。通常，一个水杯只具有盛水的功能。但一旦融入大数据，这个水杯就会发出更多的信号，如报告水温是多少。这样，这个水杯就被赋予了更多功能。

再举个简单的例子。人们到了旅游景点，只要打开手机做定位，就可以知道距离自己最近的停车场在哪里，附近哪个洗手间最干净、排队人数最少，甚至可以查询景区游乐场的游客人数，帮助游客更好地制定自己的游玩路线。

这样的智能生活，只是智慧城市的一个缩影。

融入大数据技术后，基础设施更加智能化，给人们的生活带来了巨大的改变，提升了国内民众的生活幸福度和消费意愿。在未来几年里，我国的大数据基础建设依然是科技信息产业发展的主要抓手。

4. 芯片

芯片是由众多缩小的晶体管集中布置在一个半导体硅片上而形成的。

作为运算处理中枢，芯片奠定了现代工业文明的基础，同时也代表了一个国家科技创新的最高水平。

我国的制造业和信息产业要想打通内循环经济，就必须攻下芯片这一关。

改革开放之前，我国在国产芯片领域处于落后状态。1982 年我国成立了电子计算机及大型集成电路领导工作小组办公室，可见我国对芯片的重视程度。但即便如此，我国的芯片市场在全球芯片产业链上依然处于中下游。如今，我国国产芯片产业保持高速增长趋势，并且涌现出一批优秀的国产芯片研发企业。

华为是我国芯片研究方面的典型代表。

2018 年 11 月 17 日，在 3GPP RAN（第三代合作项目：无线接入网络）第 187 次会议的 5G 短码方案讨论中，华为公司推出了 Polar Code（极化码）方案，成为 5G 控制信道 eMBB 场景编码标准。在掌握了 5G 话语权后，华为将重点力量放在 5G 芯片的研发上。

2019 年 1 月，华为正式发布了 5G 多模终端芯片 Balong 5000（巴龙5000），这一成就引起了业界轰动。该芯片采用了先进的 7nm 制程工艺，而且单芯片多模还支持 5G NSA、SA 网络制式，同时还能够兼容 4G、3G、2G 网络，真正实现了全网络制式覆盖。这使华为成为了全球第一家完成5G 网络完整商业测试的公司。时隔不久，华为发布了一款高端手机——5G可折叠手机 Mate X，该手机搭载的就是华为自主研制的处理器和 5G 基带芯片 Balong 5000。

此后，在 2019 年 9 月 6 日，华为又发布了新一代旗舰芯片——麒麟 990 系列，包括麒麟 990 和麒麟 990 5G 两款芯片。

华为在国产 5G 芯片方面取得的成就正在推动我国乃至全世界的进步。尽管华为目前在芯片产业的全球格局中还没有达到独占鳌头的地步，但随着科技的不断创新，华为在未来芯片研发的道路上一定会收获更多的成果。

除华为之外，紫光展锐、兆易创新、韦尔股份等企业也各自站在了细分赛道上，纷纷布局芯片技术。

5. 工业互联网

工业互联网作为一门科技，其核心产业依然有广阔的发展空间。

工业互联网产业联盟发布的《工业互联网产业经济发展报告》中的数据显示："2019 年工业互联网核心产业（包括网络、平台、安全软硬件基础设施）增加值为 5361 亿元。预计 2025 年，工业互联网核心产业的市场规模可以达到 1.24 万亿元。"

工业互联网有"三硬"和"三软"。"三硬"主要是指工业互联网的硬件，包括"端""云""网"。"三软"即工业互联网的软件，包括工业大数据、工业人工智能、工业软件。智能制造商搭建的工业互联网平台可以拓展制造业的可能边界。工业互联网的最大价值在于整个全产业链端的所有生产要素，都能够实现高效的流通和配置，并能将整个产业链的资源整合起来，为终端客户提供更高价值的产品和服务。这也是我国发展内循环经济过程中，工业互联网应当布局的重要方向。

6. 物联网

物联网被认为是"下一个工业革命"，因为物联网能够改变人们的生活、工作、消费和旅行方式，甚至能改变全球政府及企业之间的交互。

物联网的本质其实还是互联网，不同的是，其终端不再是计算机，而是以各种形态存在的终端，如可穿戴设备、环境监控、虚拟现实设备等。只要与生活息息相关的硬件或产品连上网络，这些硬件或产品之间发生数据交互，就称之为物联网。融入物联网技术，消费活动变得更加智能化，能给人们带来前所未有的消费体验。

2020 年，疫情的全面爆发，凸显了无接触经济在社会生活中至关重要的作用，这种无接触经济体现了新经济形式下的消费趋势。在新消费模式下，无人零售终端也再次成为资本的风口，作为载体之一，它在促进我国内生消费、形成产业闭环方面发挥了重要的作用。所有的这些，都离不开物联网。很多企业看好这一新赛道，开始全面布局。

2020 年 8 月 3 日，在广州举办的国际商业智能设备产业博览交易会上，我国专业售货机设备供应商中，吉科技有限责任公司、智能技术开发商友朋智能商业科技有限公司与国内知名智能零售企业怡亚通供应链股份有限公司旗下的智能零售平台蚂蚁零售达成合作协议，借助物联网远程控制系统、智能选品算法、全流程生鲜系统、机器订购、智能营销体系等，打造恒生活 AT 智能货柜。物联网技术的运用让"万物连接"，使该智能货柜可以实现 24 小时无人值守。商户足不出户，就可以实时监控每一台零售终端设备的运营情况。还能通过联网有效监控商品损耗问题。当发现损耗问题后，就能将损耗数据传输到后台，商户凭这些数据，了解到哪些商品需要调整和调换，保证每一件商品都完好无损地到达消费者手中。对于消费者而言，这种智能货柜可以实现 24 小时营业，是距离广大居民最近的无人"微缩超市"，为居民消费提供了极大的便利，由此更好地提升了居民消费的积极性。

7. 云计算

随着传统 IT 系统应用变得越来越复杂，需要支持更多的用户，需要具备更强的计算能力，系统需要更加稳定和安全，就需要对服务器、数据存储和网络带宽等硬件设备进行扩容，还需要组建完整的团队对硬件和软件系统进行正常运维，这就会产生更多的人力成本和物力成本。为了解决这些难题，云计算应运而生。将软件系统部署到云端服务器上，无须关注那些令人头疼的软硬件系统的维护和扩容问题，这些工作交给云计算服务提供商的专业团队处理即可。

云计算的核心是将大量用网络连接的计算资源进行统一管理和调度，构成一个计算资源池，向用户提供其需要的服务。

随着互联网和智能终端设备的广泛普及，大数据和云计算技术得到了蓬勃发展，并深入到人们生活的方方面面。

当前，我国的云计算技术还存在一定的短板。发展内循环经济，首先要促进科技补短板。云计算作为其中一个方面，不容忽视。当前，随着

5G、云计算的发展，数据量成几何级数增长。很多企业巨头已经开始着手发力云计算，不断满足我国云计算领域的市场需求，有效地推动了我国大数据和云计算的不断向前发展。

8. 区块链

我国发展内循环经济，需要着力打通生产、分配、流通、消费各个环节，促进效率和公平有机统一。其中，效率对应生产环节；公平对应分配环节，公平的分配，使生产、消费更加畅通。

区块链跨越了多个基础科学领域，包括金融学（加密数字货币）、经济学（通证）、社会学（共识）、信息科技（分布式账本、密码学）。区块链技术的应用，可以加速我国内循环经济的运转，在巩固我国经济的同时，还有助于提升各类要素的市场化配置能力。简言之，区块链是我国启动内循环经济的加速器。

（1）金融学领域

我国金融领域亟待提高市场定价能力，加快弥补金融制度的短板。这需要科技成果来提供金融保障，也需要加速产业结构转型，实现经营主体重组和要素资源的再配置。

区块链是一种分布式存储以及加密技术，可以实现穿透式确权，对全面优化我国内循环经济中金融要素的配置，可以起到很好的辅助作用。区块链在金融领域中的数字货币、支付清算、智能合约、金融交易等多个方面具有广阔的应用前景。

（2）经济学领域

区块链有一个通证思维，即一切资产和价值都可以实现通证化和数字化。其实，所有资产的本质属性就是权利，如所有权、使用权、分红权等，我们拥有一定的资产，实际上是拥有其对应的权利。在区块链上进行交易的过程中，可以将所有交易记录在一个足够安全的可信账本上，而记账的过程就是一个权利划分的过程，区块链在这个过程中就提供了一个可信任、不可篡改的分布式账本，资产在这个过程中也以通证的形式呈现。因此，随着区块链的不断普及，未来货币的终极形态就是通证，一切资产都将实现通证化，以数字化通证的形式记录在区块链上。

那么通证经济思维是如何推动内循环经济的呢？内循环可以通过企业的链改 ❶，把通证的激励机制带入企业的发展当中，打破单一的合伙人机制，让企业的员工、领导者、采购者、消费者、流通者共同参与到企业的通证发行、自由交易和资金流通当中，为那些付出更多努力的人带来新的经济收入，为企业的发展注入新的动力。显然，通证激励实现的是收益权的社群化分配，这也是通证经济的魅力。在通证经济的作用下，加速我国经济形成新的循环方式——经济内循环。

（3）社会学领域

区块链作为一种全新的分布式技术架构，表象是"信任的机器"，本质上颠覆了人与人之间的关系，即改变了社会生产关系，实现了信任的规模化。在区块链技术的作用下，能够实现单个组织和个人在统一共识的规则下，按照自治的方式提高协作效率，有利于加强经济韧性，是经济内循环中的有力支撑。

---

❶ 链改：即区块链改革或区块链改造，指通过区块链技术的应用，对企业自身业务进行改革或改造的行为。

（4）信息学领域

区块链是一种链式存储结构，可以保证数据不可篡改，有效维护了民众消费的隐私安全和财产安全，使民众敢于消费、乐于消费。

总而言之，科技是中国经济发展的新增长点，科技里面"国产替代"将是内循环经济的重中之重。这也是我国社会经济长远发展与经济脱困的关键。发展科技内循环，就是要进行科技补短板，并在自主、可控的进口代替领域的数字经济、智能制造、生命健康、信息安全等方面实现较强的爆发力。

资本内循环：资本发力快消品

国家提倡的以内循环为主体、国内国际双循环相互促进的新发展格局经济战略，实际上是一个政策组合框架，是既要立足国本，又要拥抱全球化来实现的经济发展模式。

这一经济战略模式中以内循环为主，看似是商品流通的内循环，看似只是出口转内销，但只要透过现象深挖其背后，就会发现，其实这项国家战略中，也包含着资本的内循环。按照这个思路，我国实行内循环经济，会将更多的资金留在国内，使我国的资金池逐渐变大。那么民众的资金会去哪里呢？如何才能让我国的资金也实现内循环呢？这是值得我们思考的问题。

资金一定会流向能够带来高价值的地方。现在的问题是，如何通过发挥自身优势，实现价值匹配，从而达到吸引更多资金流的目的，而非反向流出。

2020年年初，由于疫情的原因，很多人宅在家中，收入锐减。所以人们尽可能地把钱存在银行，只留一部分用于日常消费。对于个人来说，这可能是避免各种难以预测风险的最有力的措施，但这样民众手中的资金就不能很好地流通，不利于国家内循环经济的发展。

有的人认为，吸引民众的资金流向房地产领域，是不错的资金内循环方式。从直观上看，房地产确实是不错的资金流向领域，但高额的房价以及其产生的房贷支出，也是对居民消费能力的最大挤占。

2019年中国人民银行调查统计的数据显示：城镇居民家庭资产负债率是56.5%，房贷占据了家庭总负债的75.9%，而且刚需型房贷家庭月偿债收入比为33%，资产负债率为24.2%，均高于投资型房贷家庭（即拥有两套或者以上房的家庭）。

居民手中一大部分资金流向房地产领域，甚至因此而负债，势必不利于资金在其他领域的流通，同样不利于国家内循环经济的发展。

事实上，与人们息息相关的日常快消品永远有市场。这与国家重点发展内循环经济、扩大内需相吻合。快消品行业成为资金内循环的热土。

首先，快消品人人都有需求。我国拥有14亿人口，形成了一个超大规模的消费市场。这就意味着快消品在我国具有巨大的流量池，受众面很广。

　　举个简单的例子。虽然恒大地产、恒大足球都具有足够的影响力，但是购买恒大房子、观看恒大足球比赛的人数，与购买恒大冰泉的人数相比，其数量简直是九牛一毛。

　　再比如农夫山泉股份有限公司的董事长钟睒睒，其同时还担任万泰生物药业股份有限公司董事长职务，致力于制造疫苗、保健产品等。但万泰生物上市与农夫山泉上市，所受到的业界关注度是不同的。相信更多的人对农夫山泉水的熟悉程度远高于成长快乐、宫颈疫苗等产品。

　　这就是流量，流量就等于金钱。

　　快消品行业无论是上游的原材料生产、中间的配送还是最后的消费，整个链条都在我国国内完成和循环。最主要的是，快消品行业的现金流回转特别迅速。重点发展内循环经济，就需要加速国内资金周转速度，把更多的资金转变为更具创新性的产品。

　　其次，快消品虽然单价较低，但销量动辄十亿、百亿，且不谈毛利率是多少，薄利多销所带来的利润是其他行业所无法比拟的。再加上快消行业的投入相对不高，风险也相对较小，行业所得利润是相当可观的。

　　当然，快消品还需要赋予更多的科技创新，才能更受消费者青睐。因为当今越来越吸引眼球的不再是产品本身，而是一些被赋予了情怀的产品、更新奇的产品。

　　基于此，国内的资金用于生产满足国内居民生活所需的快消品，然后国内居民花钱购买这些产品，再将资金流向国内生产制造商，实现资金在国内的循环流通。

服务内循环：提升现代服务业的服务能力

发展内循环经济，不仅仅包括在我国范围内产品的自产自销，还包括服务。服务内循环，是发展内循环经济过程中不可忽视的重要组成部分。内循环经济的表现之一，就是提升医疗服务、社会公共服务等现代服务业的服务能力。

现代服务业，是与传统服务业相对而言的，适应现代人和现代城市发展的需求而产生和发展起来的具有高技术含量和高文化含量的服务业，是指以现代科学技术，特别是信息网络技术为主要支撑，建立在新的商业模式、服务方式和管理方法基础上的服务产业。

1. 现代服务业分类

（1）基础服务

基础服务，包括通信服务、信息服务。

（2）生产和市场服务

生产和市场服务，包括金融、物流、批发、电子商务、农业支撑服务、中介和咨询服务等。

（3）个人消费服务

个人消费服务，包括教育、医疗保健、住宿、餐饮、文化娱乐、旅游、房地产、商品零售等。

（4）公共服务

公共服务，包括公共管理服务、基础教育、公共卫生、医疗、公益性信息服务等。

2. 现代服务业的特征

（1）服务领域新

现代服务业适应现代城市和现代产业发展需求，不再局限于消费性服务，而是向着其他领域延伸。

（2）服务模式新

现代服务业是在服务功能换代和服务模式创新的基础上产生的新服务业态。

（3）服务质量高

现代服务业的文化品位和技术含量高，是具备高情感体验、高精神享受的高质量服务。

3. 发展服务内循环的途径

发展服务内循环，目的就是提升现代服务业的服务能力，提升第三产业的规模和利润率。在具体操作过程中，要按照国内民众的需求，寻找有效的发展途径。

（1）全面提升消费领域的服务品质

我国扩大内需，目的就是提升消费者消费意愿和消费能力。消费能力的提升，需要从提高居民收入入手，但提升消费者消费意愿，不仅在于产品本身的品质，还在于产品的附加值，即与产品相关的服务。因此，要全面提升现代物流、科技服务、文化创意、电子商务、旅游休闲等方面的服务质量，推动批发、零售、住宿、餐饮、房地产等传统服务业转型升级，挖掘这些消费领域的服务潜力，才能不断扩大国内消费。

（2）因地制宜实现服务差异化

由于区域不同，每个地方的发展存在一定的差异性。因此，发展服务内循环，也应当注意因地制宜，实现服务差异化，有针对性地加大培育各领域的消费新增长点。

通常，一线城市的人们对生活品质的要求较高。所以，在这些区域一定要注重高品质服务，这样才能更好地满足民众的服务需求。对于重点经济项目建设，如高端星级酒店，要注重服务升级，走更加高端的服务路线。

（3）加强现代服务业集聚区建设

只有集聚，才能实现规模效应。发展服务内循环，就必须加强对现代物流、金融服务、科技服务、文化创意、电子商务、旅游休闲等领域的集聚区规划建设。

加强现代服务业集聚区建设，是加强各园区现代服务业产业培育与企业引进、推进各园区经济社会协调发展的重要途径。

①升级集聚区服务。可通过开展讲座等培训方式，为集聚区新入驻的企业提供专业化、优质高效的公共服务和专业服务，为新入驻的企业提供技术、人才、融资、政策等方面的服务。

②完善集聚区基础设施建设。加快完善酒店公寓、交通集散、信息网络、停车设施、绿化景观等配套基础设施，不断改善和优化区域的整体商务环境，促进商务服务业企业、生活物流企业集中聚集，提高物业公司的管理水平。

③加强集聚区公共服务平台建设。公共服务平台分为不同等级和种类，包括公共技术、公共人才、公共融资、公共管理等。加强集聚区公共服务平台建设，就是要启动以现代化服务业集聚区为载体的公共管理、咨询服务、医疗服务、物业、快递平台，通过搭建网络服务平台，及时对这些平台进行布局和规划。

随着现代服务业在我国迅猛发展，服务型产业在经济活动中占据的地位也越来越重要。同时，现代服务业在推动城市建设和功能布局、增强企业效益、促进就业等方面也发挥了巨大的优势。发展服务内循环，为广大民众提供了诸多便利，为我国发展内循环经济提供了很好的契机。

金融内循环：加强金融供给侧改革

发展内循环经济是为了扩大国内需求，促进国内消费。这就少不了消费金融的支持。

实际上，无论是理论研究，还是在实际生活中，我们都能深深地感受到消费金融对消费的提升和拉动作用。做大消费金融业务，是拉动我国内循环经济的应有之义。

金融是现代经济发展的核心和血脉，是资源配置和宏观调控的重要工具。在经济领域，有这样一句话"金融活，经济活"。金融在我国发展以内循环为主体、国内国际双循环相互促进的发展格局中，尤其在推动我国内循环经济发展的过程中，发挥着重要的作用。

当前，金融支持内循环经济的发展已经有了较好的基础。

1. 广泛的客户群体

2020 年 7 月底，普惠小微贷款余额为 13.7 万亿元，支持小微经营主体数量为 3007 万户，同比增长 21.7%。

这组数据意味着我国的金融领域具有广泛的客户群体，而且发展态势良好。

2. 有较强的实力

当前，我国国内金融资产总量巨大，而且金融机构具有较强的实力。

截至 2020 年 6 月底，我国国内银行业金融机构资产规模达到 301.5 万亿元，国内上市公司总市值达到 64.9 万亿元，债券市场规模为 71.7 万亿元，银行资产、股票和债券市场规模均位居世界前列。

我国金融机构和市场的不断壮大，为我国居民财富的保值增值以及企业寻求融资等提供了非常广阔的土壤。

3. 消费金融增速加快

居民杠杆率为居民整体债务占 GDP 的比重，可以反映出一个国家居民整体的债务水平，消费金融作为居民消费的一部分，会受到居民整体杠杆率水平的影响。

根据国际清算银行公布的数据显示：从 2008 年开始到 2019 年，中国居民杠杆率从 17.9 上涨到 55.6%，已经在世界平均水平之上，更是远超所处的新兴市场的平均杠杆率。

从整体上看，我国居民杠杆率很高，实际上存在极其分化的现象。从账户贷款的构成来看，包含了消费贷款和经营性贷款两部分。消费贷款占比为 80%，其中又以中长期的住房贷款为主，在住房贷款中占比超过 50%。

从近几年数据来看，消费金融的增速在加快。2017 年，短期消费贷款同比增速从 19.9% 增至 40.9%。到了 2018 年，短期消费贷款同比增速回落，但总体依然维持在 28.1% ～ 40.1%。2019 年，住房部门短期消费贷款同比增速有所回落，但依然处于较高增长区间内。

消费信贷作为消费金融的一部分，其持续增长，是一个国家经济增长的主要动力。而消费金融能够扩大处在社会中低层成员的生存与发展空间，另外，信用已经成为一种财富和准货币。在适当利率的情况下，消费信贷是一种普惠金融，可以帮助广大消费者实现资金的跨时间配置，引导消费者的日常生活支出。

消费金融为每个消费者提供金融服务，不仅可以为消费者带来低成本贷款用于国内消费，还能培养他们的信用意识、财务计划能力。

消费金融的作用有好的一面，也有坏的一面，在内循环经济中是一把双刃剑。它能促进消费、拉动经济，而当消费金融过度时，也会带来消费主义盛行的局面。消费金融过低，不利于经济增长；消费金融过度，就会导致消费主义扩张。所以，消费金融在做整体布局时，要注意"适度"，达到一种既能有利于我国经济增长，又不会导致消费主义扩张的状态。

第九章
顺势而为：站在内循环经济风口顺势腾飞

　　国家提出的以国内大循环为主体、国内国际双循环相互促进的全新经济模式正在全面启动。在这个时候，处于大变局中的各行各业必须以一种全新的姿态，顺势而为，积极应对这种全新经济模式，寻找全新的发展机会，才能在这一新的风口上顺势腾飞。

旅游行业：扩大投资和创新模式是最好的出路

2020 年，全球的旅游业受到颠覆性影响，进入寒冬期。我国的旅游业也不例外。

面对眼前的困局，旅游业如何运行？如何突围？这是旅游产业在"后疫情"时代，摆脱困局需要真正关心的问题。

推进内循环经济，就要将对外重心转移到国内，将国家战略重点放在国内庞大的市场体系上。内循环经济是依靠内需的驱动力运行的一种经济模式。在我国经济市场中，能够维持激发内需动力的行业不少，旅游业就是其中之一。

在疫情平稳后，全国旅游业陆续开放。广大民众对旅游表现出旺盛的需求，大家急不可耐地想出去走一走。甚至有人预测：旅游业将成为疫情过后恢复最快的行业之一。

据相关数据显示：2019 年，我国公民出境旅游人数达到 1.55 亿人次。这样庞大的数据量，一旦转化为境内游，对中国旅游经济的快速复苏无疑是一大契机。在我国启动"以国内大循环为主体、国内国际双循环相互促进的新发展格局"下，旅游业，作为拉动我国经济发展的传统行业，又该如何拥抱内循环经济呢？

1.扩大旅游投资

当前，很多景区都采取了限流措施，而且这个时候团队游基本上无法成行，此时自驾游成为主要的旅游方式。但自驾游也会带来很多问题，如景区配套的停车场、餐饮、住宿条件等，是否能满足自驾游客的需求？因为自驾游产生的供需问题如何疏解？解决这些问题，需要加大对旅游业的投资，做好旅游业的基础建设和项目开发。

例如，在疫情期间，很多景区趁机对园内设施进行维修、更换，并拿出更多的资金来做扩建、做推广。

如果旅游产业能够合理使用现有资金，增加旅游公共服务建设与服务支付，如旅游厕所、停车场、集散中心、自驾服务等，扩大旅游投资，就能快速激发旅游业活力。

2.体验促进旅游消费

当前，国内各景区的游客主要以本地游客为主。而本地游客对新玩法、深度游有更高的需求。他们不只是"网红"景点"打卡"，更多的是追求"定制游"的旅游体验。

2020年6月28日，马蜂窝旅游发布了旅游消费数据，数据显示，该平台在2020年端午节小长假期间，定制游的订单量较清明小长假增长了4300%。

与跟团游相比，定制游可以让游客自行安排出行时间、住自己喜欢的酒店、吃自己喜欢的美食、体验自己喜欢的游玩项目，能给游客带来不一样的个性化服务体验。

3. 实现出境购物转移

我国每年有不少公民的花销用在海外购物上。免税政策的不断完善，可以引导海外消费回流，形成物质贸易新反差。

海外消费回流，包含两个层次：一是鼓励多购买国货；二是在国内购买到合理价格的进口货。其中，鼓励多购买国货，就是典型的内循环经济部分。而国内购买到合理价格的进口货，是属于外循环经济部分。

鼓励多购买国货，成功实现内循环经济，首先要保证国货品质和服务都要"硬"起来，性价比要比进口货高起来，购物体验要比境外购物好起来。其次，要在消费心理、消费文化、消费信心上，对国内消费者进行潜移默化地影响，使国内消费者不再出境购物，而是直接认准并购买国内生产的产品。

4. 形成出境旅游产品的替代

如今，"＋旅游"正逐渐受到广大游客的欢迎，并拓展出更多重的定义。

一方面，随着年轻化消费群体的崛起，旅行必定要向着更加年轻化的方向发展。以往单纯旅游的热度正在消减，游客更加喜欢"以人为本"的旅游活动。"＋旅游"带来的跨界融合旅游模式，为旅游带来了更加丰富的内涵，更好地满足人们对无界旅游的期望。

另一方面，我国游客对国际游的需求是看世界，这一点从未改变。高质量、强体验、重服务的养身旅游、文化旅游、艺术旅游、研学旅游、探险旅游、体育旅游等，可以从国际导入国内。有效的高品质旅游产品可以成为出境旅游的替代产品，是未来旅游业发展的重要方向，也是当前旅游业迎合我国发展内循环经济的一条新路子。

以研学游为例。研学游其实是将教育与旅游深度融合的产物，目前已经成为旅游市场的热点。尤其是在寒暑假期间，很多家长更加希望寓教于"游"，让孩子在旅游的过程中学到更多课本上学不到的有用的东西。这样的旅游深受广大学生家长的青睐。

5.催生旅游消费新场景

科技创新，将为广大游客带来全新的智慧景区和智慧服务。这些实时的场景应用，再加上大数据、物联网、5G、VR/AR、AI 等技术，将为旅游业带来更多新玩法，催生更多消费新场景，能够有效刺激广大民众在国内的旅游消费。

我国旅游业需要寻求一条有效应对冲击的新路子，以此突破当前本行业发展的阻碍。以上几点，即是迎合我国重点发展内循环经济战略最好的出路。

农业领域：迎来产业发展新机遇

我国是世界三大粮食进口国之一，虽然地大物博，但同时也需要养活14亿人口，不少农产品一定程度上依赖进口。在过去几年里，进口农产品占据了国内高端消费市场。如泰国榴莲、澳洲龙虾、新西兰牛肉等，在我国占据一定的市场。

国家重点发展内循环经济，客观上也为我国国产品牌的农产品带来了全新的机会。那么农业领域该如何抓住这样的机会呢？

1. 提升农产品品质

求量不求质的意识，是我国农产品进入高端市场路上的一个很大的阻碍。做农产品生意，首先要树立精品意识。

2. 改变卖法

以往，农产品的销售是农民自己将农产品拉到集市去售卖，或者直接将农产品卖给中间采购商，由他们设立采购点；或者卖给大型超市、菜市场等；或者将农产品拉到一个大型供应周转地等。这些方法具有一定的滞后性，往往几经转折，多次运输后，影响农产品的新鲜度，造成营养价值流失。所以农产品很难卖出好价钱。

任何时候都要思变。农民可以自己学习和利用互联网、移动互联网来销售农产品。如自己做电商,借助当前火爆的直播、短视频等方式为自己的农产品代言、带货,充分实现自产自销。这样,不但农产品的价格掌握在自己手中,还降低了成本,让农民对农产品种植更有信心和积极性。对于消费者而言,能够以最短的时间食用到新鲜、富有营养的农产品,自然愿意掏腰包。

3. 改变玩法

树立以质为先,不求增产求增收的意识,可以打造出高品质农产品。但即便能做出高端产品,如果没有很好的销售策略和方法,终究也是无济于事。改变种法、玩法,才能助推农产品行情不断走高。

当前,一二三产融合的农庄极受广大消费者的青睐。这种庄园,首先能让客户感受到农庄的环境,其次是农庄的农产品,最后也是最重要的就是农庄的服务。

(1)农庄的环境

如今,广大民众消费的重点除了产品本身之外,还有环境和服务。环境就好比农庄吸引消费者的"敲门砖",如果没有好的环境,其他一切都是没有用的。农庄的环境,无须奢华,只要做到自然即可。

(2)农庄的产品

既然通过农庄来发展农业,那么最好的产品即是农产品。土地是一个神奇的东西,只要播下种子,加上精心地管理和维护,就会给人以惊人的回报。所以,农产品是迎合每一位进入农庄的消费者的最好产品。

农庄的农产品，与市场中贩卖的产品相比，是纯天然、绿色的高品质产品，没有好看的卖相，没有添加剂的干扰，有的只是自然、健康的风味。

（3）农庄的服务

农庄不仅仅是在售卖产品，还在售卖服务。消费者进入农庄，不单纯对农产品感兴趣，还注重服务体验。如果没有给消费者带来良好的服务体验，就只能是一锤子买卖，很难做到复购。没有复购，就永远难以开发新客户；没有客户沉淀，就难以打造出响当当的品质。服务是产生复购的重要因素，它不仅仅是为消费去做的，更是为长远的复购在做准备。

除了一二三产融合的农庄这样的新玩法，有的地方还将农产品产销模式转型，打造"合作社＋基地＋电商"模式，形成村社一体，并渐成风尚。

总之，农业内循环，重点在于创新。只要用心去做，农业领域在我国发展国内大循环中也可以大展身手。

零售行业：发力变革与挖潜

内循环经济时代，线上和线下购物两条主线依旧不变，但无论是线上还是线下，零售业都需要寻求零售模式的变革，并积极进行深度挖潜，才能赢得更多的消费者，才能赢得更加广阔的市场。

1. 发力智慧零售

所谓智慧零售，其实就是无人零售，即在没有营业员、收银员以及其他工作人员的情况下，消费者从进店，到挑选商品，再到支付商品，整个购物活动都由自己完成。

传统实体店零售模式下，店内收银员、导购员是必须配备的。与智慧零售相比，显然，人力的参与也为零售门店带来了一定的人力成本。

这种无人值守的智慧零售背后，其店铺的管理虽然需要人，但是人在后台，通过互联网、传感器、大数据、物联网、人脸识别等技术，就能知道哪条街上的无人零售门店的哪个货架需要补货，甚至知道需要补几件商品。然后通知前端的理货员去补货。这种无人值守门店模式可以有效减少管理员，或者管理员可以在不同的零售端进行灵活切换。

与此同时，这种模式在支付的过程中也省去了现金找零的麻烦，有效节省了消费者排队的时间，提升了购物效率，给消费者带来好的购物体验，在一定程度上能够提升消费者的购物热情。

天猫打造线下新零售智能家具门店。在店内，消费者可以通过人脸识别登录绑定淘宝购物账号，在门店挑选商品的过程中，可以借助卖场的互动云屏、扫码、刷脸等方式完成商品加购。在结算时，用户不需要打开手机淘宝或者支付宝，直接通过刷脸的方式就能以一秒的速度完成付款。天猫线下新零售智能家居门店融入先进的人脸识别技术，对于广大消费者来说，既产生一种新奇感，又省时省事，能给消费者带来极大的便利体验。

2. 发力社区经济

社区是一群人的聚集地，社区成员之间的互动、交流，可以是熟人之间，也可以是陌生人之间。大家为了满足兴趣、参与感、归属感、存在感而走到一起，在社区内彼此推荐和分享自己心仪的产品，从而提升产品销量。

显然，社区经济具有很强的关联带动能力，能够大幅拉动消费，是我国发展内循环经济的一个重要的经济力量，可以提高经济效益、社会效益，还可以提升资源利用率。

随着内循环经济概念被提出，零售业借助社区经济，可以为居民提供活动的舞台和经营的载体，增强了品牌与消费者之间的黏性，提升了消费者的复购率和对品牌的忠诚度。

3. 打造零售大生态

长期以来，零售业专注的重点都是商品，一切零售技术、营销技巧都是围绕如何最大限度地销售商品展开。但如今，在商品同质化日趋严重的时代，消费者更加注重的是商品之外的服务和体验。所以，目前零售业需要将经营思路转向如何围绕经营消费者的问题上来。激发消费者的消费积极性，才能达到拉动消费、扩大内需的目的。这也与国家推出发展内循环经济的本质相吻合。

但当前中国消费市场也有一个新的特征，就是消费市场分层化。针对这一特征，零售业需要根据不同层级消费者的特点，实施针对性营销手段、模式和理念。只有构建生态多样化的零售模式，才能满足当前目标消费者的需求，真正实现从经营商品向经营消费者的转化。

零售业在内循环经济模式下，走向生态多样化是必然趋势。整个零售业生态系统的构建，需要做出完整规划。首先，要明确当前常用的各种零售形式，包括到店零售（消费者到实体零售店消费）、到家零售（消费者在线上消费，享受到家服务，如海底捞的上门拉面服务、河狸家的上门美甲服务）、O2O零售（消费者在第三方平台购物，由第三方送货上门，如饿了么、美团）、社群零售（在社群、社交模式下，基于信任的零售模式）。其次，零售业企业在内循环经济下，要做的是定位，即明确未来企业的主要发展方向。最后，为了做系统化的规划，企业要将各种零售形式形成一个有机的整体，实现零售模式的生态化。

零售业的发展，关键在于打通与人之间的连接。只有运营模式、营销手段围绕人的需求进行，实现零售形式与人之间的精准匹配，才能乘着内循环经济之风，得到更好的发展。

汽车行业：理想的内循环旗手

对于汽车领域而言，其需要抓住这次扩大内需的机会，不断创新关键技术、进行转型升级，以适应新环境下的新发展要求。

那么汽车行业该如何迎接内循环经济时代呢？

1. 打造过硬品质

在外循环经济模式下，我国的制造业一直具有比较优势，但与此同时也存在产能过剩的问题。虽然我国每年会从海外采购大量中高端汽车，但我国本身的汽车产能就已经超过 6000 万辆，年汽车出口量也超过了百万辆。

在我国全面实行内循环经济之后，产能过剩将变得更加严峻。在这种情况下，汽车行业大洗牌在所难免。打铁还需自身硬。无论是制造商还是车企，要想在这场史无前例的激烈竞争中存活下来，关键就在于变革。要深入挖掘市场和消费者需求，结合消费趋势，竭力提升产品竞争力。只有突破现有产品和服务的桎梏，才能逆袭，成为行业中的领军者。

2. 打造核心技术

任何时候，只有将关键核心技术掌握在自己手中，才能提升汽车品牌的影响力。

纵观历史，我们不难发现，科技强国之所以强大，是因为它走在了关键核心技术创新的前沿，将关键核心技术牢握手中，实现了自主可控。在未来，加强零部件、关键核心技术的自主研发（包括发动机技术、安全防控系统、无人驾驶技术等），让供应链、产品强大起来，是我国汽车产业发展的重点方向。

以我国的无人驾驶技术为例。2020 年 10 月 10 日，自动驾驶出租车在北京全面开放。开放一周以来，高峰期单日订单量超过 2600 单，单个站点的订单量高峰期达到 600 单。无人驾驶的安全性给广大民众带来了很好的乘车体验，深受民众的喜爱。

再以我国当前的发动机技术为例。2020 年 10 月 17 日，一年一度的

"'中国心'2020年度十佳发动机评选"（简称"中国心"）入围实车测试活动。在这场测试活动中，15款发动机入围。入围的发动机，整体技术水平较往年有很大的提升，很多发动机技术水平达到了国际领先水平。特别在节能降耗、排放标准和NVH技术指标上有突出表现。

无论是无人驾驶技术的投入商用，还是发动机技术的大幅提升，都意味着我国在汽车的关键核心技术方面已经取得了很大的进步。

当国产汽车以一股浓浓的"国潮"风在大众视野中流行开来时，意味着"国潮青年"正成为汽车领域的消费主力。从模仿到创新，我国汽车领域已经在人们心中摆脱了模仿的印象，以一个全新的姿态和形象站在广大消费者面前，成为具有高颜值、高品质、高安全、高智能、高可靠性特质的高端产品。未来，我国汽车领域将受到更多国内消费者的青睐，吸引更多的消费者。

3. 开发新能源汽车

当前，我国已经在新能源汽车方面硕果累累。国家扶持新能源汽车，不仅是因为其节能减排，更重要的是新能源汽车集中了很多前沿科技。如果整个交通实现新能源、新智能，那么这无疑会极大地解放生产力，提高生产效率，推动整个社会和经济的发展。

汽车行业在发展的过程中，收到了一系列政府出台的救市政策，如汽车下乡、以旧更新、报废更新、新能源汽车补贴等，在一定程度上促进了农村汽车的更新换代，拉动了汽车行业的消费动力。除此之外，汽车行业的发展还拉动了上、中、下游产业的发展，上游产业如钢铁、化工、煤炭、玻璃等，中游产业如机械制造业、电子等，下游产业如运输、石油石化等。可以说，汽车产业是内循环经济发展的核心，是理想的内循环旗手。在内循环经济发展格局下，汽车行业发展前景可期。

互联网行业：失之东隅，收之桑榆

2020 年，一场疫情的出现，使全球经济处于低迷状态。与此同时，我国的互联网在国外发展遇阻。然而，失之东隅，收之桑榆。这场疫情使互联网在国内的发展大放异彩，极大地改变了人们的生活、工作方式。人们更加依赖于线上生活，网络化已经成为一种常态。

显然，互联网在我国的发展迎来了第二春。从社交媒体到搜索引擎，从电商平台到网上支付，从网络游戏到在线应用等，都出现了爆发式增长。

我国明确提出大力发展以内循环为主体的经济战略，意味着一系列利好政策将刺激我国这个全球第一大消费市场，使其焕发新的生机和活力。

互联网作为科技的组成部分，在内循环经济的发展中将会充当至关重要的角色，甚至可以说是内循环经济的基础设施。

一方面，互联网最重要的能力，就是实现人与人、信息、商品、服务的连接，加速信息、商品和服务的流通。人们利用互联网沟通、娱乐、学习、工作、购物，这都体现了互联网强大的连接能力。事实上，互联网对本身也具有十分重要的价值，尤其在打通生产、分配、流通、消费者四个环节的时候，互联网起到了更为突出的作用。

例如，在生产宣传领域，可以绕过销售渠道，直接为消费者定制产品。消费者可以将定制产品的各项数据，包括材质、大小、功能等数据借助信号传输器传输给制造商，制造商会将这些数据放到数据库当中，建立详细的数据信息。之后，再将这些数据信息传送到生产车间。在生产车间，所有的机器都能根据消费者提供的数据信息定制其需要的产品，并能根据需要计划生产数量。而所有的数据传输都离不开互联网的支持。

另一方面，互联网正从消费向产业渗透。互联网因为其具备的连接能力，横跨消费与产业、用户与企业、数据与场景、硬件与软件、技术与产品，可以说是数字经济的重要载体。如今，消费互联网已经达到存量阶段，互联网行业正在快速向产业端渗透，逐渐形成日益蓬勃的产业互联网。

不论是基于自身强大的连接能力，还是基于数字经济形成的产业互联网模式，互联网在内循环中发挥着不可替代的作用。在互联网的作用下，一方面，本身十分繁荣的本土互联网经济会变得更加繁荣，并成为内循环经济的组成部分。另一方面，正在高速发展的产业互联网，在各行各业利用科技发展的过程中，为其提供了全新供给，满足了内需供给体系。

基于互联网与内循环经济发展的关系，我国作为互联网大国，在国家明确以内循环经济为发展方向之后，自然要寻求新的经济突破点。那么互联网企业在内循环经济下该如何发展呢？

1. 开启新的商业周期

在数字经济时代，"所有生意都可以重新做一遍"。突如其来的疫情加速了这一进程。互联网行业可以将各行各业"推倒重来"，使各行各业，包括零售业、金融业、旅游业、制造业、农业等，都进入新的商业时代。

2. 大力发展产业互联网

产业互联网的主要模式是：商业实体＋互联网，这样才能实现高效引流的目的，并能实现流量的快速转换。随着互联网基本形式的转变，其具有的商机价值也会出现诸多变化。在产业互联网模式中，更多的运维模式是B2B2C、B2C 或 B2B、O2O。这就意味着在消费互联网时代，以往单一的以及少量联合形式发展的经营模式、运营模式将不再符合时代发展的需求，退出舞台。而产业互联网将会打开一个全新的发展时代。

目前，已经有相关的互联网企业开始使用产业互联网模式进行运营，并获得了极好的效果。以药械网的产业互联网模式为例。该公司在进行了产业数字化升级之后，将产业互联网模式应用于实体和网络之间，灵活使用 SaaS 与 GPO 管理系统，使整个产业链实现了互联互通。

此外，SaaS 和 GPO 管理系统在提升产品销售数量的同时，还能提升资源合理转化率，让企业在运维过程中有效降低成本。无论是销售效率方面，还是运维效率方面，都远远超过了其他类型的互联网模式。

在内循环经济不断推进的过程中，互联网的作用会变得更加显著，在内循环经济发展的过程中贡献更大的力量，并在这个过程中体现自身的巨大价值。

高科技产业：迎来新红利

为了拉动内需、扩大消费，我国提出了重点发展内循环经济的战略，国家政策与资源配置的红利期将至。我国本土化高科技企业，在这个关键时刻，既是临危受命，又恰逢机遇。以大数据和5G运用、监控安防、位置定位、人脸识别、人工智能等技术为代表的高科技产业，包括信息产业、生物制药产业、新材料产业、新能源产业、航空航天产业和海洋产业，将在我国获得更加广阔的发展空间。

在这个时候，高科技产业要想迎来新的红利，就要着手做好以下六方面的工作。

1. 创新产业规划，实现跨界融合

高科技产业的迅猛发展，能够加速推动我国内循环经济的实现。持续发展靠创新，高科技产业的发展同样需要创新。重点是企业要引导生产要素向其他领域聚集，推动产业结构调整，实现跨界融合。

以信息产业领域的知名企业千玺机器人集团为例。截至2020年6月，千玺机器人集团已经申请了各类专利611项，目前已获授权的有205项。当前，千玺机器人集团正在致力于研制汉堡机器人、云轨系统、一体化全自动蒸箱、火锅智能配餐机器人以及自动物流系统等高科技智能产品。与此同时，迷你雪糕机、集装箱煲仔饭机器人、咖啡机、汉堡机已经全面进入量产阶段。

在市场化方面，千玺机器人集团正与餐饮业跨界合作，高科技智能产品已经在诸多餐厅投入使用，其中许多餐厅成为众多潮流食客的打卡圣地。机器人服务于餐饮业，拥有巨大的市场潜力。在借助先进技术，在完美传承、保留名厨最好的烹饪技术后，可以给食客带来更加美味、高效、智能化的餐饮服务。高科技餐厅也从不可思议变为现实，走进了大众生活。

千玺机器人集团与餐饮业融合，并进行深度布局，抢抓到了新一轮科技与产业革命的新机遇。不仅为企业的发展增加了新的盈利增长点，还有利于企业实现可持续性高速发展，实现高层定制的经济内循环战略，有效拉动了内需。

2. 培育高科技人才

发展高科技，第一靠人才，第二还是靠人才。所以，高科技产业要不断鼓励和培养科研人员向专业方向发展。人才的培育不是一蹴而就的事情。应通过专业技能训练、岗位针对性培训等方法，培育出能够肩负起高科技产业发展的有用人才。同时充分发挥人才创造创新的活力，选好、用好领军人物、拔尖人才。

以人工智能领域的人才培养为例。2018年4月，中华人民共和国教育部发布的《高等学校人工智能创新行动计划》中指出：到2020年，建立50家人工智能学院、研究院或者交叉研究中心。2019年，全国范围内共有35所高校获得首批人工智能专业建设资格。2020年3月，教育部再次审批通过180所高校开设人工智能专业，其中教育部直属高校为15所。国家如此注重人工智能教育，充分说明高科技人才在国家发展战略中所处的地位极高。

3. 对未来产业投资

要引进重大高科技产业项目，重点推进电子信息、生物医药、新材料、高技术服务、新能源与节能等国家重点扶持的高科技领域产业的发展，促进5G技术与各领域企业的创新性应用。

4. 引进科技型企业

高技术产业领域要重点引进旅游和文化产业、热带高效农业、医药产业、医疗健康、互联网产业、低碳制造等领域的高科技型企业。

5. 支持企业知识产权创造

如今，国内大力倡导"大众创业，万众创新"，没有创新是很难发展的。知识产权本身就是一种创新。要支持企业加快知识产权贯标，加大对专利的支持力度，实施关键核心技术专利组合培育计划。同时，还要保护知识产权，以鼓励企业创新。

6. 完善科技金融体系建设

高科技产业的发展、高科技企业的上市，离不开资金的支持，资金链是生命线。所以，要完善科技金融体系建设，必须有强有力的金融做后盾，有效减少企业融资成本和融资担保成本。

高科技产业在内循环经济为主体的发展时代，必须快速寻找有利于自身实现可持续发展的方向，打造全产业链内循环。只有这样高科技产业才能在这个时代实现腾飞。

第十章
转型增效：外向型企业在内循环形势下转型换挡前行

　　2020 年，全球经济局势急转直下，为了应对这样的局势，我国提出以内循环经济为主、外循环经济为辅的经济发展战略。此时，作为主打外贸生意的外向型企业该何去何从成为亟待解决的问题。在此背景下，外向型企业只有换挡前行，才能顺应国家发展形势，才能实现提质增效。

外贸企业：紧跟形势，多元化布局

我国是首屈一指的外贸大国，在外贸市场中具有巨大的潜力。但由于2020年一场公共卫生事件在全球蔓延，打乱了全球经济的计划和节奏，逆全球化趋势上升，全球化经济在加速脱钩。在这样的阴影下，外需萎靡，海外买家将以快消品购物为主，户外用品、家具家电产品等需求量会大幅降低。于我国而言，不属于快消品的企业将会受到重创。

对此，外贸出口企业应当紧跟全球经济形势的发展变化，及早做出应对。

1. 化危为机，快速适应

在当前全球经济萎靡的形势下，我国提出以内循环为主、外循环为辅的新经济格局。这预示着内循环经济时代的到来。

但对于那些以外贸而生存和发展的企业来讲，这一经济变革还是比较仓促的。但经济发展的不利影响只是阶段性的。主要表现在以下方面。

（1）影响了国内需求

我国主要的贸易合作伙伴先后进入"抗疫"的紧急状态，短期内外贸企业会因此而受到冲击。

（2）影响了国际贸易合作

我国与国际合作伙伴之间的原材料进口也会因为疫情而受到影响，进而影响我国的外贸生意。

（3）影响了国际贸易活动

由于疫情的影响，全球人员往来大幅减少，经贸合作人员的往来情况同样如此，也由此导致各类展会、洽谈活动推迟或取消，外贸企业难以获取新订单，存在传统外贸渠道不畅等问题。

面对这些情况，虽然中华人民共和国商务部已经出台相关政策，为外贸企业解决出口难点和痛点。但外贸出口企业自身也应当不断提升自身的适应能力。

虽然我国外贸发展的外部环境具有不确定性，部分外贸企业遭遇了订单取消的情况。但我国外贸产业链结构完备、创新能力强，绝大多数外贸企业具有较强的适应能力、化危为机的能力。这些能力已经在过去所多次经历的危机中得到充分证明，因此，外贸企业也必定会在此次危机中化危为机，快速适应。

2. 出口转内销

转型是一种向着美好方向的变革。有时候，硬着头皮往前冲，不如掉头另寻出路。将出口转向内销，对于外贸企业来讲，也不失为良策。而且，国家还专门出台了相关政策——《关于支持出口产品转内销的实施意见》，明确指出支持出口产品转内销，帮助外贸企业纾困。当前，不少外贸企业已经开始积极"掉头"，将目光转向国内市场，开辟了全新的内需渠道。

江苏连云港永同祥农业技术开发公司，就是一个典型的成功案例。该公司生产的是绿色无公害农产品，每年出口海外的农产品订单应接不暇。但 2020 年年初遭遇疫情的冲击，该公司出口生意惨淡，三月份只有几个海外订单。为了减少农产品新鲜度下降而造成的巨大损失，该公司迅速转换思维、转换生产方式和销售模式，对一部分农产品按照国内卫生许可标准变更生产线，抢抓生产时间，向国内销售渠道发力，抢占国内市场。如今，该公司出口转内销的经营模式已经逐渐步入正轨。

出口转内销，是不少外贸企业的求生之道。但并不是所有的外贸企业都能轻而易举地打开国内市场。主要原因有以下三个方面。

首先，经营模式差异化。国内产业链的经营模式与国外有所不同，同类型产品较多，竞争更为激烈。如果不具备足够的优势，会让转型困难重重。

其次，存在诸多转化成本。出口转内销，在营销模式和结构方面进行调整，会带来一定的成本。如以往的生产设备、生产标准都要转变，要按照国内标准和设计进行。为了达到这一标准，就需要花费一定的成本去适应或改变。

最后，出口产品不一定符合国内消费偏好。由于地域不同，人们对产品的需求和偏好也会有所不同。在海外知名度极高、极为受欢迎的产品，在国内并不一定被熟知和喜爱。这就使外贸企业在出口转内销的过程中，可能会面临更多的困难。

面对这三个方面的阻碍，外贸企业需要付出更多的努力、做出更多的创新，同时还需要提升自身的抗风险能力。具体来讲，破局方法包括以下两种。

（1）借助电商平台转内销

转内销不是一件简单的事情，不是将出口产品在国内电商平台销售即可，而是应当向电商平台寻求深度合作。借助大数据技术，为国内消费者画像，洞悉国内消费者的喜好和需求，通过火热的带货渠道，直接打通与消费者的连接，真正实现出口转内销。

（2）塑造在国内市场的企业形象

外贸企业由于在国内的知名度不高，所以要想扩大国内市场规模，还需要在国内铺设销售渠道，并积极做好公关工作，为企业塑造良好的品牌形象，以此提升国内的市场份额。

办法总比困难多。只要敢于转型、敢于创新，外贸企业可以快速克服"水土不服"，让自己的企业经济来源更加多元化，更好地融入国内市场。

投资企业：因应设策，为发展带来新机遇

随着时代的不断推进和变化，我国参与国际资本循环的方式也在不断发生变化，并在我国发展的不同阶段呈现出不同的特点。

1. 境外投资的特点

第一，进入 21 世纪以来，我国境外直接投资发展不断提速。2014 年，

我国已经成为资本净输出国。这意味着，我国的境外投资在国际资本循环中进入了一个新的阶段，境外投资也成为了一种新常态。

第二，我国的境外投资主体一直保持多元化格局。对外投资企业类型多元化，包括有限责任公司、国有企业、私营企业。

第三，我国的境外投资方式不断创新。境外收购、兼并成为新时期对外投资发展的趋势。我国的境外投资企业在海外以投资办厂、建设生产基地、建设营销网络、跨国并购、参股、境外上市等多种方式进行投资。

第四，我国的境外投资行业分布十分广泛。我国对外直接投资的行业众多，从贸易、生产加工、资源开发，到交通运输、承包工程、农业及农产品的综合开发、医疗卫生、旅游餐饮等诸多行业。

第五，我国境外投资的地区分布呈现出多元化特点。

2. 境外投资中的问题

我国的境外投资发展中存在的问题包括以下三个方面。

（1）投资组合结构不合理

从整体上看，我国境外投资的行业机构存在一定的不合理性。从2019年我国境外投资存量的行业分布情况来看，当前，我国海外投资涵盖国民经济的18个行业大类，2019年年底，我国境外投资存量的80%集中在服务业，主要分布在租赁和商务服务、批发和零售服务、金融服务、信息输出服务、房地产服务、交通运输和仓储服务等领域。

（2）在东道国面临政治风险

境外投资企业在东道国也会面临政治风险问题。通常，这些风险表现为：东道国内部政治风险，如战争和动乱风险、劳动权益风险等；外部政治风险，如外交风险等。东道国在受到这些风险的威胁时，我国境外投资企业的发展也会因此而受到牵连。

（3）海外投资企业与国内产业升级衔接不畅

很多境外投资企业以境外投资为主，忽视了国内市场。所以其业务与国内产业缺乏紧密的联系，导致与国内产业升级衔接不畅。

3. 内循环经济中境外投资企业的应对之策

当前，我国的经济已经深深地融入全球化当中，我国经济的发展和变革更需要多加关注。在我国当前重点发展内循环经济之际，境外投资企业需要根据这个经济战略的变化。

在境外层面，境外投资企业除了要关心国际政治，还应当关注国际经济格局的变化。尤其是全球技术革新方面，需要给予更多的关注。无论是国民经济，还是地方产业，都离不开技术革新，这是它们发展的不竭动力。所以，材料技术、信息技术、生物技术等，是海外投资企业做产业规划和选择投资赛道可以考虑的几个方向。

在国内层面，境外投资企业可以加强与国内企业的前后向联系，促进国内产业转移与升级，这对我国发展内循环经济来讲大有裨益，也是符合我国当前经济战略要求的。

境外投资企业做投资，要对内外部环境和战略态势有一个整体的认知和判断，以便帮助企业在全新的态势下，快速做出商业计划和业务发展规划。

科技企业：完善国内产业链条，以内循环促外循环

　　我国因势利导，突出了构建以国内大循环为主体、国内国际双循环相互促进的新经济发展格局，经济率先实现了"V 形"复苏。

　　我国国内全球化程度比较高的企业，如果能同时利用好国内国际两大市场、两种资源，那么就为我国的经济复苏提供了强劲的动力，我国经济就能在这场全球经济动荡中，将冲击力降到最低。然而，实际情况是，我国在海外的高科技企业发展受阻，也引发了连锁反应。因此，海外高科技企业必须做出调整。我国以内循环经济为主、外循环经济为辅的新经济思维，为这些优质的海外高科技企业的回归提供了适宜的发展环境。

　　从我国国内的相关科技企业的发展来看，其在顺应国家提出的以内循环经济发展为主的全新政策，对自身发展做出了相应的调整后，其强势发展的特征依然没有改变。显然，科技企业做相应的调整和转型，反而给其提供了一次全新的发展机会。

　　加快构建国内国际双循环发展格局，是我国适应全球经济变化而做出的重大战略调整。我国新经济格局下的内循环并不是单一地为了扩大内需，外循环也并不是单纯地等同于进出口，重要的是形成自身产业链条的

内循环，放眼全球经济市场的供需，合理配置资源和布局业务。随着我国双循环发展战略的提出，国内经济内循环的提速，将为海外高科技企业的发展带来一定的支持。

以素有"中国对讲机之王"称号的海能达为例。海能达成立才 20 多年，但已经拥有 20 年的全球化拓展经历。其实，从海能达的发展历程来看，其早已在践行国内国际双循环相互促进的战略思想了。

海能达在国内以完整通信链、加工制造能力和生产经营模式为依托，在国外以海外市场需求为牵引，通过本地化经营策略，形成包括研发、生产、营销的国际网络。为实现国内、国际市场相互补充、相互促进，海能达整合了全球供应链资源、业务渠道和行业优势，立足中国，辐射全球，从一个名不见经传的企业，一跃成为全球专网通信领域里的佼佼者。

2020 年，全球公共卫生防疫和医疗领域的应急通信需求猛增，海能达也因此获得了更好的拓展机会。更重要的是，海能达通过内循环的力量，打通了外循环，实现了全球资源的合理配置。

当前，全球面临着百年未有的大变局。对于海外高科技企业来讲，外部冲突升级，内部转型在即，打通双循环，重塑新格局，才能激发新动能。

第十一章
应对策略：中小微企业如何拥抱
内循环经济

内循环经济成为我国当前的主要经济发展模式，在这一大背景下，我国各行业积极拥抱内循环经济，开始做全面布局，以期迎来全新的发展机遇。在这场经济改革中，中小微企业的发展不容忽视。当前中小微企业亟待寻求良好的应对之策，以得到更好的生存和发展。

发力民生领域，提高民众生活品质

我国推行内循环经济的基础是老百姓手里有钱；内循环经济得以实施的保障是国内企业的健康运营与发展。而从我国实现内循环的具体情况来看，关键还是要振兴中小微企业的经济。

中小微企业在全国企业总数中占 80%，中小微企业中雇佣的劳动力占全国劳动力总数的 70%。从这个意义上来讲，中小微企业不仅是大产业集群的配套，还是解决就业问题和民生问题的关键。正所谓"大企业强国，小企业富民"。中小微企业健康、顺利发展，本身就是富民为民的一种表现。

如果没有中小微企业的健康、稳定发展，仅仅依靠国内的大型企业来实现经济的内循环，是不切实际的。

那么，如何让中小微企业在内循环经济时代得到更好的发展呢？最重要的一点就是要回归民生领域，着眼于民生领域。

在明确发展思路之后，中小微企业就可以围绕国家和当地政府部门的政策，研究与制定适合自身发展的民生细分领域，即做好定位。好的定位是成功的一半。

以往，市场提供什么，消费者就购买什么，是商品为主导的时代。

如今，消费者更加注重个性化需求的满足、更加注重服务体验。如果依然像以往一样，企业是难以在市场中生存的。当前，是以消费者为主导的时代，为消费者提供什么，完全取决于市场需求，取决于消费者的需求。

具体来讲，中小微企业应当从以下几个步骤入手。

1.市场调查

（1）消费者需求调查

消费者既是产品的购买者也是产品的体验者，他们对于产品的性能、品质、实用价值等有更加明确的需求。直接从消费者那里获取的需求，自然是市场中最迫切需要解决的痛点需求。对消费者需求进行调查可以采用问卷调查的方式，也可以直接在卖场等场景中现场访问消费者。

（2）竞争对手调查

强劲的竞争对手是阻碍企业掌控整个市场的坚实壁垒。要想打败竞争对手，赢得市场，关键就在于了解自己的竞争对手。对竞争对手调查时，可以直接调查竞争对手的产品特征、产品价格、营销手段、销售渠道等内容，更多地了解竞争对手的优势。另外，还可以充分利用消费者最能与产品近距离接触的优势，通过消费者之口了解竞争对手在市场营销中的优劣势。

2.产品和服务定位

产品和服务定位是中小微企业营销成功的前提，是品牌塑造的基础。产品和服务定位需要站在消费者的立场上，从消费者需要的利益点出发，最终把产品和服务做到深入人心。做产品和服务定位有两种方法。

（1）发现空白点，抢先占位

在前期市场调查的过程中，已经对市场有一个明晰、全面的了解，在这个基础上，中小微企业可以观察在消费者心中是否有一个富有价值的空白点是无人占据的。如果有，中小微企业可以想方设法对自身产品和服务进行优势挖掘，从而抢先占据这个位置。

（2）制造空白点，成为行业领先者

如果发现自己的产品和服务难以成为行业领先者，就需要在细分领域下功夫，重新开创一个新的品类，成为这个新品类中的领先者。

总之，在国家发展内循环经济为主体、国内国际双循环经济相互促进的新经济格局下，中小微企业要全面提升自己的产品和服务。只有提供更好地迎合消费者需求的产品和服务，才能有效提升民众的消费意愿，才能真正实现促消费、扩内需，为消费者带来高品质生活的同时，还能为国货迎来高光时刻。

数字化赋能，打通中小微企业的内循环

中小微企业是国民经济的重要组成部分，也是重要支柱，可以有效解决民生就业问题。中小微企业所蕴含的发展潜力不容忽视，如果发展得好，同样可以为扩大我国经济发展空间贡献一份力量。

据相关统计数据显示：我国中小微企业最终产品和服务价值占 GDP 的 60% 以上，纳税占比为 50% 以上。另外，我国 70% 左右的专利发明权、80%

以上的新产品开发、80% 以上的城镇劳动就业，均来自中小微企业。

中小微企业的行业类别有很多，包括零售业、餐饮业、租赁和商户服务等行业。疫情的出现，使中小微企业的线下业务无法正常开展。此外，绝大多数中小微企业具有劳动密集的特点，疫情使企业用工遇到困难，最终使中小微企业难以正常复产复工。

据相关研究发现：在企业运作过程中实现数字化应用，可以为企业提升大约 60% 的作业效率，降低 20% 的人力成本，提升 50% 的管理效率。有相关机构预算后发现，在不考虑疫情影响的情况下，数字化转型可以使制造企业成本降低 17.6%、营收增加 22.6%，使物流服务业的成本降低 34.2%、营收增加 33.6%，使零售业成本降低 7.8%、营收增加 33.3%。

在当前的经济发展格局下，很多中小微企业认为，自己存在着"转型是找死，不转型是等死"的困境。导致这些中小微企业不敢向数字化转型的原因有两个：

原因一：周期长。当前中小微企业数字化转型的通用性解决方案较少，可借鉴的案例较少，很多企业需要自己"摸索着过河"，见效慢。这使很多"后来者"担心还没过阵痛期，就已经先"死"掉了。

原因二：协同差。中小微企业的上下游、产业链之间的协同转型力度不够，数字化产业链和数字化生态还并未建立起来。一家企业是难以带动上下游企业联动转型的，无法实现协同倍增效应和集群效应。

事实证明，不少中小微企业已经实现数字化转型，并在国家政策扶持的基础上形成了良性的循环机制，将这次由疫情引发的经济危机转化为发展机遇。

当前，在数字化经济加速发展的情况下，很多中小微企业已经开始寻求内外部数字化协同发展，实现在我国内循环经济下的数字化转型。

钉钉是阿里巴巴出品的一款免费沟通和协同的多端平台，专为中国企业而生，被称为"企业组织数字化时代的淘宝"。以往，钉钉是一些大型企业采用的管理软件。借助该软件，可以通过人、财、物、事的在线数字化、办公移动化、业务智能化，全方位提升企业组织运营效率，大幅降低企业组织的数字化成本，实现工作方式透明化、简单化、安全化、高效化。

如今，很多中小微企业已经将钉钉软件应用于日常办公和管理当中，实现组织在线、沟通在线、协同在线、业务在线、生态在线，助力中小微企业在数字化浪潮中真正实现转型升级。

可以说，全产业链数字化升级，是中小微企业当下的突围之路，同时也符合我国内循环经济全面发力数字经济的发展要求。主要表现在以下方面。

1. 数字化助力中小微企业商业模式的转变

疫情给中小微企业带来的冲击是显而易见的，但与此同时，我们也应当透过表象，看到背后蕴含的新机遇。一些原本数字化程度高的企业项目，如电商平台、线上教育、知识付费等线上项目迎来了空前热潮。而那些平时线上业务空白、主攻线下业务的企业，却暴露出其经营模式单一、获客能力弱的短板。

对于中小微企业来讲，是否能够找到一种线上线下一体化的服务模式，并以此来改变当下亏损的局面，十分重要。从长远来看，突破单一线下经营模式，有助于提升中小微企业抵御风险的能力、提升获客能力、实现精准营销。数字化改造下的企业进行商业模式升级，势在必行。

中小微企业数字化升级并不是简单地将线下业务转移到线上，而是需要借助互联网进行业务拓展、客户价值提升，并对订单、物流和配送一系列经营环节进行升级，打造人、货、场、资的全链接O2O模式，达到企业品牌和服务全面升级的目的。

2. 数字化提升中小微企业内部管理效率

许多中小微企业在管理方面，并不会注重远程智慧办公平台的搭建和使用，也因此没有实现企业内部的智能化管理。同时还暴露出一些管理方面的短板，如企业组织架构不清晰、无法快速、准确调整和传达公司的计划方案、运营管理混乱等。这些使中小微企业在实际运营过程中，尤其在遇到不可控因素带来的风险时，显得尤为吃力。

中小微企业在我国推行内循环经济为主的经济战略之际，应当从自身生存角度以及未来发展的角度，思考企业管理模式的升级。练好"内功"，增强"内力"，才是中小微企业当下的首要任务。中小微企业可以利用互联网平台开展线上办公、视频会议、远程协作；利用大数据进行资源协调与匹配，真正实现中小微企业管理的数字化。

3. 数字化助力中小微企业在产业集群内实现网络化协作

当下，很多企业暴露出一个弱点，就是单打独斗，而没有在产业集群内实现各企业的协同发展。这种单打独斗的生存模式会出现很多弊端：一方面，中小微企业单打独斗，在受到较大冲击后，无法保全自身，更难快速做出应对策略。另一方面，有的中小微企业只是充当代工角色，是行业产业链中的一环，在产业链遇到外力的冲击时，自然会受到产业链上下游的整体影响。

解决这些弊端的最佳方式，就是将中小微企业赋能数字化，使其可以在中小微企业产业集群内，以网络化协作、共享的方式，弥补单个企业资源和能力的不足，实现技术、产能、订单的共享。产业集群内各中小微企业相互协作，不但能增强抵御外部形势变化的能力，还能提升整体生产效率，有效节约社会资源。

4. 数字化助力中小微企业全面实现智能化

当前，5G、人工智能、云计算、大数据、物联网、区块链等前沿技术已经得到普及，并衍生出很多相关产品，深受广大民众的青睐。当数字化赋能中小微企业后，中小微企业也可以借助这些技术惠及自身，实现智能化管理、智能化营销、智能化金融服务等。

当前，我国提出以内循环为主体、国内国际双循环相互促进的新经济发展战略。这一国家战略的重要目标就是恢复生产、扩大内需，而实现这一目标的唯一途径，就是发展数字经济。有数字化赋能，中小微企业才能快速走出当前困境，以更具活力的姿态不断发展壮大。

寻找新商业模式，实现流量裂变

在以内循环经济为主体的当下，如果中小微企业还单纯地依靠传统模式，纯粹依靠人工作业，比如手工录入数据、上门营销，就会显得非常被动，很容易被新一轮市场的变化淘汰。因此，中小微企业需要研究适合自己的商业模式。

如果将建立核心能力以提升企业管理水平看作是一种从静态与局部的角度来衡量企业的经营。那么商业模式，则是一种从动态以及全局的角度去评估企业发展的潜力。一个企业的生产模式、服务模式是可以复制的，但商业模式却是根据企业自身发展而制定的独有模式。如果商业模式有缺陷、与企业自身状况不符，那么无论战略如何完善、管理水平如何提高、计划执行如何认真，企业都无法获得预期的运营效果。

所谓商业模式，通俗地讲，就是把能使企业运行的内外各要素整合起来，形成一个完整的、高效率的、具有独特核心竞争力的运行系统，其以满足客户需求、实现客户价值最大化为目标。

商业模式仿佛是一个神奇的魔杖，具有点石成金的功能。在业界有这样一句话："经营企业的其他要素，如技术、资金、人才等都不是最重要的，唯有商业模式可决定一切。"只要有正确的商业模式，处在当下内循环经济时代的中小微企业就能出奇制胜、大放异彩。

那么，当前我国中小微企业应当如何探索新的商业模式呢？

1. 积极发展线上业务

（1）周边配送

无论是小型手工坊、饭店，还是小区内的小超市，都可以嫁接互联网，通过线上渠道为消费者提供选购与支付服务，再通过周边配送的方式，实现送货上门。

对于中小微企业来讲，自建线上平台成本过高，故可以与美团、饿了么这样的即时配送平台合作，在拓宽销售渠道的同时，实现流量的激增。

以饿了么为例。饿了么平台上已经开辟了很多板块。除了我们熟知的外卖功能之外，还有跑腿代购、送药上门、超市便利、买菜等功能。因此，菜市场、超市、生鲜店等可以与饿了么寻求合作，实现线上售卖、线上交易、第三方平台配送的全新商业模式。

（2）在线交付

除了那些可以实现线上售卖、线上交易、第三方平台配送的实体中小微企业之外，还有一部分企业售卖的产品是无形产品，如教育、健身等。对于这类中小微企业，同样也可以借助互联网的力量，开发线上销售渠道。但不同的是，这类中小微企业必须线上售卖、线上交易、线上交付。如线上教育、健身等可以通过直播的形式在线完成。

（3）线上产品开发

将线下已有产品，通过开发或转化引入线上，实现线上线下相结合。这种模式，目的就是实现用户裂变，让会员带动会员，在用户量增长的同时实现业绩倍增。

以会员制为例。很多线下店铺会给消费者发放一张会员卡，消费者凭卡前来消费，可以享受一定的折扣、满减、赠送等福利。中小微企业完全可以将这种线下的会员制引入线上。近两年，比较火爆的线上会员制采用的是社交电商模式。用户成为平台会员后，不但可以享受福利，还可以通过老用户带新用户的方式，为中小微企业带来更多的新会员，实现流量裂变，达到盈利目的。

2. 建立私域流量池

中小微企业，无论涉足哪一行业，都要注重私域流量池的构建。因为私域流量就是中小微企业自主拥有的流量，而且这样的流量可以反复利用，成本低，且重复为中小微企业带来变现。

每个人都有多个兴趣、爱好，因此每个人都是一个去中心化的圈层节点，可以同时拥有多个社交圈层。根据这一特点，中小微企业可以通过抖音、快手账号发布与企业相关的视频内容，聚合那些对视频内容感兴趣的人，将他们引流到企业微信账号，构建一个精准的私域流量池。有了这些精准的私域流量，中小微企业在日后推广的有关产品的视频内容会被这些精准粉丝主动转发给更多的社群，形成二次传播。这样，更多的圈外人士就会对中小微企业的产品有更多的了解，由此带来流量裂变，实现快速引流。

有了这些私域流量，就可以以低成本吸引用户，让更多的用户成为粉丝，成为企业产品的忠实用户，有效提升销售转化率，达到一石激起千层浪的引流效果。

3. 前端引流、后端盈利

前端引流、后端盈利，就是将人气产品、流量产品的利润让给消费者，以此吸引大量用户人群。当用户大量聚集之后，就可以以人为中心，根据用户需求提供一系列商品和服务。

在这种模式中，免费，是换一种方式盈利。这种盈利模式在互联网时代，已有很多案例。

如360杀毒软件，其让很多用户免费使用杀毒软件。当积累大量用户之后，"360"就靠后端的广告去赚钱。

再如小米科技（北京小米科技有限责任公司）。小米科技就是通过为发烧友提供大量高性价比的智能硬件来吸引大量的发烧友。再通过社区、社群、社交的方式，借助发烧友的口碑实现裂变式传播。当小米沉淀了足够多的粉丝后，就通过后端的软件、付费服务获得盈利。

中小微企业为了提振消费，需要借鉴如"360"和小米科技的商业模式——前端引流、后端盈利。

以餐饮业为例。可以借助主打菜品的低利润来吸引人流，然后通过配菜、酒水等获取利润。主打菜品是店铺的门面，是口碑，便于在消费者心中形成记忆符号。这样不但可以通过后端盈利，还可以产生复购和口碑宣传。

在进行前端引流、后端盈利的过程中，还需要借助线上平台的力量，如团购平台、社交平台、短视频平台等，将店内优惠信息传达出去，吸引更多的消费者前来，增加店铺的客流量。这样才有机会为到店消费者推荐更多的商品和服务，实现持续变现。

这种前端引流、后端盈利模式，也是一种趋势。中小微企业抓住这种趋势能有效带动消费，更好地拥抱内循环经济。

第十二章
得窥门径：增强中国经济外循环的有效途径

　　双循环经济战略思想代表着对更高品质的经济发展模式的探索。发展经济内循环并不意味着放弃经济外循环，更不意味着割裂内循环和外循环的联系。另外，发展外循环经济也不是一朝一夕的事情，其需要通过有效的途径来增强中国经济外循环的韧性。

拓展外贸发展空间

为了让外循环经济更好地落地，还需要从更多层面拓展外贸发展空间。

1. 不断拓宽外贸场景

随着数字技术的不断发展，外贸领域也会随之出现越来越多的新业态。数字化、网络化智能化成为这些新业态的典型特征。企业可以借助数字化、网络化、智能化进行外贸场景的创新。

比如，企业可以将销售的商品搬上网络销售平台，开通社交媒体平台、短视频平台账号，便于海外消费者有需求时进行细致的咨询，最终在实现智能引流的基础上，实现交易变现。或者直接开通直播间，在直播间实时显示不同语种的实时翻译，从而让全球各地的消费者都可以在直播间看到自己熟悉的语言，实现无障碍沟通的同时，了解和购买到自己心仪的商品。

事实上，这些只是外贸场景拓展的简单方法，但这种方法借助数字技术，将海外需求和国内供应链很好地进行了匹配，能够帮助企业打造有竞争力的外贸增长点。

数字技术和数字工具的应用，能够很好地推动外循环经济全流程的各个环节不断优化，同时还能利用数据集成，加强资源对接和信息共享。所以，如果能够搭建线上综合服务平台，将运输、转运等环节进行整合，那么企业可以在实现贸易网络化、便捷化的同时，还能有效降低物流成本。

2. 抢抓数字机遇

进出口贸易发展要向着高端化、精细化方向发展，与此同时，进出口企业还需要进一步做好服务，因此做好贸易服务部署工作必不可少。企业应当主动抢抓数字技术发展带来的新机遇，积极发展研发、设计、咨询、维修、检测等服务外包。

在这方面，蒙牛做得非常好。蒙牛集团是中粮集团旗下的专业化乳品公司，其产品远销加拿大、澳大利亚、柬埔寨、新加坡、马来西亚、缅甸等国家和地区，出口的产品种类也非常丰富，包含了常温奶、低温奶、冰淇淋三大品牌，涵盖 30 多个产品。蒙牛的风味发酵乳也在美国洛杉矶顺利通关，由此创下了中国国产酸奶首次出口美国的新纪录。

蒙牛的出口生意牢牢抓住了数字技术所带来的机遇，其对产品品质进行严格把控，持续完善全产业链质量管理体系，将数字化、智能化技术应用于养殖、加工、物流等各个环节，对生产、运输等进行全流程监测和监测，确保每一包牛奶的品质上乘。通过数字技术为进出口贸易赋能，蒙牛助力中国乳业更好地"走出去""引进来"，从而有效提升了中国乳业的国际化形象，奠定了蒙牛在国际市场中"工匠品质"的地位。

3. 扩大外贸主体范围

拓展外贸发展空间的另一个渠道，就是扩大外贸主体范围。可以大幅降低国际贸易的专业化门槛，使那些没有实战经验、没有雄厚资金实力的小微主体也能够加入新型贸易行列。

4. 扩大外贸商品范围

当前，我国有很多商品难以走出国门，如果这些商品也能够实现外贸交易，那么将有效推动外贸发展空间的进一步拓展。

总之，拓展外贸发展空间，可以从多方入手进行有效整合，将贸易拓展到更多尚未触及的市场和领域，形成外贸新的增长点，助力外循环经济的快速发展。

实现对外直接投资多元化

对外直接投资，是指企业以跨国经营的方式所形成的国际间的资本转移。对外直接投资的本质是一国投资者为取得国外企业经营管理上的有效控制权和投资利润而输出资本、设备、技术、管理模式等资产的经济行为。

对外直接投资，不但能使我国收支因国外投资利润的回流而得到改善，而且能帮助企业获得更多的稀缺资源，引进国外先进技术和管理经验，还能降低企业经营成本。对于保证我国外循环经济的加速发展，增强我国外循环经济的韧性，具有重大作用。

1. 投资模式多元化

我国现有的对外直接投资模式有以下几种：

（1）海外营销渠道投资模式

海外营销渠道投资模式，是指企业在海外建设自己的国际营销机构，并以此构建自己的海外销售渠道和网络，将产品直接销往海外市场，减少中间环节，从而提高企业的盈利水平的投资模式。

（2）境外加工贸易投资模式

境外加工贸易投资模式，是企业在境外建立生产加工基地，自带设备、技术、原材料、配件等，开展加工装配业务，将制成的成品就地销售或出口到别的国家，以此带动国内设备、技术、原材料、配件的出口的投资模式。

（3）海外自主品牌投资模式

海外自主品牌投资模式，即在海外以新建或并购的方式树立自主品牌，提升自主品牌在海外的知名度，让更多的海外消费者认同自己的品牌，并有效拓展海外市场的投资模式。

（4）海外品牌输出投资模式

海外品牌输出投资模式，即国内品牌开展海外投资时，不投入太多资金，而以品牌入股的合资形式或加盟、连锁经营等形式进行海外市场的拓展的投资模式。

（5）海外研发投资模式

海外研发投资模式，是指我国的高科技企业在海外建立研发中心，利用研发资源，使研发国际化，取得具有国际先进水平的自主知识产权，并将对外直接投资与提供服务相结合的投资模式。

（6）海外并购品牌投资模式

海外并购品牌投资模式，是指并购国外知名品牌，借助其品牌知名度、影响力，开拓当地的市场的投资模式。

（7）海外资产并购模式

海外资产并购模式，是我国企业作为收购方，购买海外企业的全部或部分资产的投资模式。

（8）海外股权并购模式

海外股权并购模式，即我国收购海外企业一定数量的股份，实现对海外企业的控制或参股的投资模式。

从我国现阶段的对外直接投资形式上看，不难发现，我国企业"走出去"的国际化投资模式，呈现多元化特点。

当前，世界经济增速放缓，面对如此现状，有关部门进行全面部署，推进对外投资多元化的发展。

为了推动我国外循环经济的发展，建议在此基础上，寻找更加符合我国外循环经济的对外直接投资模式，以此赚取更多收益。

2. 投资行业多元化

以前，我国对外直接投资在行业方面呈现出相对集中的态势。主要投资行业是租赁和商贸服务行业。如今，我国的对外直接投资涵盖的领域越来越多，共涉及 18 个行业大类，融入了制造业、批发和零售业、金融业、建筑业以及信息传输、软件和信息技术服务行业等。

中国对外直接投资涉及的行业还在不断扩大，投资百分比也在不断发生变化。随着经济形式的好转和货物贸易的增加，我国对外直接投资结构也必将随之发生改变。届时，投资行业多元化的特点也会越来越明显。但需要注意的是，要加强对外直接投资行业的战略性选择，将那些更具优势的行业作为对外直接投资的重点，以此促进外循环经济的高质量发展。

3. 投资主体多元化

根据最新统计数据显示：2020 年，中国新设外商投资企业 38578 家；2021 年，全国新设立外商投资企业超过 43370 家。显然，外商投资企业的数量在不断上升。

从现阶段的变迁特点来看，国家利好政策的出台和企业自身资源的优势，会使越来越多的中国企业追随我国"走出去"的战略步伐，积极进行海外投资，提升自身在国际市场中的参与度。

但这对于加速发展外循环还存在一定的不足，应当加强对外直接投资企业的政策扶持和指导，促进更多主体积极加入进来，实现参与投资主体的多元化。

4. 投资区域多元化

2022 年上半年，我国境内投资者共对全球 157 个国家和地区的 3878 家境外企业进行了非金融类直接投资。从流量的区域分布来看，亚洲是我国对外直接投资流量最集中的地区，而欧洲是我国对外直接投资增长幅度最大的区域。除此之外，我国的对外直接投资分布还具有一定的规律，那就是投资区域遵循周边国家到发展中国家再到发达国家的投资轨迹。

从投资区域分布结构来看，资源开发型投资重点放在拉丁美洲、非洲这些地区；加工制造业的对外直接投资大部分放在发展中国家等。

随着我国经济实力的不断增强和全球发展战略的不断完善，我国对外直接投资将会给全球更多的国家和地区带来财富，对当前全球低迷经济环境的好转有一定促进作用。所以，调整投资区位，实现合理分布，可以进一步加强投资区域的多元化。

抱团集群发展，提升国际竞争力

外贸是拉动外循环经济增长的"三驾马车"之一，进出口企业的经营状况直接影响着进出口贸易的发展质量和整体水平。

对于单个企业来讲，尤其是中小微企业，做外贸生意，单枪匹马，能力有限。俗话说："众人拾柴火焰高"。做生意也是如此。

尽管我国已经出台了很多与进出口贸易相关的利好政策，但由于现阶段全球经济低迷，再加上外部经济环境充满了诸多不确定性，所以进出口企业要想更好地迎合以内循环为主，外循环为辅的双循环经济战略，在世界市场中快速发展，提升国际市场的竞争力，最好的办法就是抱团集群发展。

集群，是一组在地理上相互联系的企业，它们同处于一个特定的产业领域，因具有共性和互补性而聚集在一起，是一种新型企业组织形式和产业发展形态，是现代企业在发展过程中所形成的一种特有的合作共赢模式。从20世纪90年代开始，抱团集群发展成为了经济发展的主流。抱团集群发展，具有以下优势：

1. 降低贸易成本

抱团集群发展，使每一个抱团企业都成为了市场竞争的主体，使原本的交易关系、内部竞争关系发生了转变，成为了合作关系。同时，还使资本与资本、资本与劳动之间的融合变得更加顺畅，不但提高了企业的国际市场竞争力，还能有效分摊公共设备、基础设施、运输等固定成本。

2. 有利于区域品牌的形成

抱团集群发展有利于区域品牌的形成。

比如晋江鞋，其正是由于聚集了大量知名鞋企业，才有了"让世界都穿得起名牌"的响亮口号。当晋江随着知名品牌的崛起而被世界所认识的时候，"晋江鞋"这三个字也就慢慢走进了世界。晋江这个区域品牌也就逐渐得以形成。区域品牌的形成，有利于吸引更多国内外的客户前来考察和洽谈生意，在此基础上与国内外建立交易和贸易关系。

3. 有利于降低企业风险

抱团集群发展，一方面，可以使各个成员以最低成本获得产品开发、市场行情等方面的信息，能够相互学习和效仿，有效降低企业的经营风险；另一方面，大家集思广益，在实施某项发展战略之前，会通过深入研究，分析项目失败的可能性。由此，抱团集群发展的模式可以有效降低企业进出口贸易风险。

事实上，不管是内循环经济还是外循环经济，抱团集群发展都是一种不错的选择。那么外向型企业如何才能通过抱团集群发展，融入外循环经济当中，提升自身的国际竞争力呢？

第一，搭建集群发展平台。国家出台双循环经济战略的目的，除了拉动内需之外，还鼓励中国企业"走出去"。抱团集群发展是一种"走出去"

的有效途径。但要想成功"走出去"，对于抱团集群发展的外贸企业来讲，首先要做的就是搭建集群发展平台。

搭建集群发展平台，可以将有意向参与集群发展的外向型企业聚拢在一起，加强归属感的同时，推动产业集群发展。

第二，完善集群发展制度。当前，全球经济不景气，世界经济竞争也日趋激烈，抱团集群发展在外循环经济发展中的价值越来越明显，成为驱动区域经济在世界竞争体系中实现高质量增长的重要引擎。越是这样，就越要加强集群发展制度的完善，加大对参与集群发展企业的创新引导，从而推动外循环经济发展力量的持续增强。

加速培育世界一流企业

双循环经济的发展战略是符合我国现阶段发展需求、增加国际市场竞争优势的必然选择。在当前，我国在国际市场中的发展还存在一些问题，这些问题不利于保障外循环经济的平稳运行，甚至会在发展外循环经济的过程中演化为断点、赌点问题。

解决这些问题的一个重要途径，就是加速培育世界一流企业。因为加速发展外循环经济，就必须有一批产品卓越、品牌卓著、创新领先、治理现代化，能够体现国家实力和国际竞争力，引领全球科技和行业产业发展的世界一流企业做支撑。这样的企业能够在关键技术上进行大规模投资和研发，具有强大的人员力量，具备全球化生产和销售所带来的成本优势等。因此，解决问题，打通断点和赌点，还需要依赖我国更多的世界一流的企业。

那么对于企业而言，应当如何更好地把自身加速培育为世界一流企业，使自身具有全球竞争力呢？

1. 提高企业管理水平

具体在管理的过程中，企业要做到：

（1）管理要有大局观

企业做管理，并不是个人行为。外贸企业的管理者必须有大局观。一个人能否得到重用，并不是由管理者的个人喜好来决定的，而是根据这个人的能力来判定的。管理者的个人喜好不重要，重要的是企业是否需要这样的人才。

（2）向世界一流企业学习

好的管理，才能成就好的企业。外贸企业应当从管理中提升工作质量、产品品质、服务品质，要对标和学习世界一流企业的管理模式来提升企业管理能力。要有针对性地采取管理措施，促进企业管理水平的有效提升。

（3）用制度规范管理

企业的运行需要制度的规范、有效的管理方法，还需要强效的管理手段去驱动，才能不断夯实管理，形成完备、科学、高效运行的管理体系。

（4）严格监督和检查

管理的过程中，外贸企业还应当时刻以世界一流企业为榜样，深入查找企业自身管理的薄弱环节，通过完善的运行机制进行严格监督和检查，进一步优化管理流程，持续加强企业管理的责任体系、执行体系、评价体系，全面提升企业的管理能力和水平。

2.强化企业创新

外贸企业在积极修炼"内功"的同时，还需要强化企业的创新能力。

（1）技术创新

把科技创新摆在产业发展的核心位置，壮大创新主体，牢固创新基础，整合创新资源，瞄准新兴领域，努力开拓市场，加快技术成果转化，加速解决"卡脖子"问题。

（2）产品服务创新

产品品质和服务品质是企业的生命。外贸企业应当坚持质量第一、效益优先的理念，开展质量提升行动，推进标准、质量、品牌、信誉联动提升。此外，还需要时刻聚焦市场需求，通过改良和创新，不断提升产品和服务品质。

3.推进产业基础高级化

外部经济环境复杂多变，外贸企业只有不断提升自己的实力，才能从容应对、稳步发展。企业要不断固根基、扬优势、补短板、强弱项，着力优化产业结构、转换发展动能、提高质量和效率，打造更强创造力、更高附加值、更安全可靠的产业链、供应链，才能达到产业基础高级化、现代化的目的，夯实自身在世界市场中的实力，进而提升我国的综合经济实力。